15 MUJERES CON LAS QUE *Nunca* DEBERÍAS CASARTE

y cómo todo hombre puede reconocerlas

MARY COLBERT

WORTHY®
Latino

AYUDANDO A CONOCER EL CORAZÓN DE DIOS

ISBN: 978-1-61795-898-4

Título en Inglés: *13 Women You Should Never Marry* publicado por Worthy Publishing, Brentwood, TN

Este título esta disponible en formato electrónico.

Edición en ingles - Biblioteca del Congreso Número de control: 2015930268

A menos que se indique lo contrario, todas las citas de la Escritura han sido tomadas de la Santa Biblia, Versión Reina-Valera 1960, rvr, © 1960 por las Sociedades Bíblicas en América Latina; © renovado 1988 por las Sociedades Bíblicas Unidas. Usadas con permiso.

La nota en el capítulo 4 está tomada de Tim Keller, *The Freedom of Self-Forgetfulness: The Path to True Christian Joy* (Farington, Lancashire, UK: 10 Publishing, 2013), 32.

Itálicas añadidas por el autor para más énfasis.

Publicado en asociación con Ted Squires Agencia, tedsquires.com.

Diseño de tapa por Smartt Guys design
Diseño interior por Bart Dawson

Edición en español por BookCoachLatino.com

Impreso en los Estados Unidos de América

15 16 17 18 19 vpi 8 7 6 5 4 3 2 1

Dedico este libro a mis nietos:
Caleb, Jaret, Olan, Branden, Dylan, y Timothy;
y a mi única nieta,
que es la niña más preciosa del mundo entero.

También quiero agradecer a mis hijos, DJ y Kyle,
los cuales tomaron decisiones asombrosas a la hora
de escoger a sus esposas, Becky y Meredith.

Por último, pero no por eso menos importante,
a mi maravilloso marido, Don.
Él es el hombre más asombroso que jamás
he conocido, y estoy muy agradecida de
poder ser su esposa y su compañera en la vida.

ÍNDICE

RECONOCIMIENTOS

Podría reconocer a todas las mujeres que he conocido a través de los años que inspiraron este libro, mujeres que destruían sus familias con su forma de manejar la vida, pero no lo haré. En lugar de eso, reconoceré a aquellas que me inspiraron a ser una mejor persona, esposa, y madre.

Mi suegra, Kitty, es un maravilloso modelo a seguir para cualquier mujer. Estoy muy agradecida por su apoyo y amor hacia la familia y hacia mí.

Mi madre, Evelyn, que está ahora mismo en el cielo, crió a ocho hijos básicamente sola, ya que su marido trabajaba en el ejército y estuvo ausente durante la mayor parte de mi infancia. Estoy agradecida de que mi madre me enseñara a ser fuerte y hacer lo que fuera necesario para mantener intacta a una familia.

Gracias a mis tres hermanas, que han resultado ser mujeres asombrosas que aman a sus familias. Ellas, al igual que nuestra madre, hacen lo que sea necesario para mantener unidas a sus familias. Mi hermana Debbie, que se rompió la espalda en décimo grado y superó un increíble dolor y sufrimiento, consiguió graduarse de la universidad a pesar de experimentar dos cirugías de espalda que amenazaban su vida. Durante años fue una maestra admirable y continúa activa y muy involucrada en su familia y su comunidad.

Mi hermana Pam, que es enfermera, y mi cuñada Kitze, que tiene un master en patología del habla, tienen mentes brillantes. Inspiran a cualquiera a llegar a ser lo mejor que puedan ser.

Mi hermana Tamara, que pudo haber llegado a ser una famosa cantante de country con su destacada voz que hace que la gente se detenga en seco, prefirió enfocar su atención en criar a sus dos hijos, los cuales se graduaron con matrícula de honor y fueron delegados de clase.

Mi cuñada Mary está casada con mi hermano, que es pastor en Chappaqua, Nueva York. Mary me asombra hasta la fecha en lo diligente que es en apoyar a mi hermano y su ministerio, y aun así se ve exactamente igual que el día que se casaron hace más de cuarenta años.

Mi cuñada Cindy ha sido la columna vertebral y el apoyo de mi hermano David. Ella trabajó incesantemente ayudando a mi hermano a graduarse de la universidad para poder obtener su master en negocios.

Podría seguir y seguir, llenando muchas páginas con las asombrosas e inspiradoras mujeres con las que Dios me ha rodeado. Gracias a todas por su parte en ayudarme a comunicar el mensaje de la Buena Esposa.

Gracias a todos los que me ayudaron a plasmar este mensaje de tal forma que tanto hombres jóvenes como mayores lo "comprenderán". Gracias al equipo de Worthy Books por ayudarme a armar todo esto. Gracias, Ted Squires, por creer que podía hacerlo. Gracias, Steve Strang, por permitirme escribir el artículo que inspiró este libro.

Finalmente, aprecio profundamente a mi esposo, el doctor Don Colbert, por todo su duro trabajo y su espíritu de excelencia, mostrándome el camino para escribir. Y gracias a mis hijos, Kyle y DJ, simplemente por ser quienes son.

PRÓLOGO

por Dr. Don Colbert, MD

Este libro es lectura obligada para todos los hombres, jóvenes, mayores o entre medias, que están considerando casarse.

No tengo ninguna duda de que me casé con la mujer adecuada para mí. Para todos aquellos que la conocen, el entendimiento de Mary, su amor por el Señor y por mí, y su amor por nuestra familia, es obvio. Ella ha sido de diferentes formas el aire bajo mis alas de éxito. Ha sido una compañera fiel, que ama, y trabajadora. Cualquiera que realmente llega a conocerla, la adora. Su personalidad y conocimiento espiritual son cautivadores. Tiene el don de dar ánimo y el de corrección. Mary ha aconsejado y orado con muchos de mis pacientes. Confío en su juicio y conocimiento cuando se trata de las personas. Mary proviene de una familia grande; eso le dio un entendimiento único de los diferentes tipos de personalidades, y también la preparó muy bien para el ministerio.

Yo he aconsejado a cientos de hombres, y también a mujeres, que se han casado con la persona incorrecta. Las consecuencias de esta decisión son desgarradoras. Muchas de estas familias rotas se podían haber evitado. He visto demasiados hombres que nunca alcanzan su máximo potencial. Muchas de las veces esto ocurre por casarse con una mujer demasiado controladora o con mucha necesidad.

Hablando en general, recibir atención pública es lo que los "hombres malos" están haciendo para destruir familias. Pero la verdad es que los hombres deben conocer a los tipos de mujeres con las que están saliendo y deben estar entrenados para tomar una decisión sabia cuando se trata de elegir una esposa. El enfoque de un hombre no debería ser tan sólo encontrar una esposa, sino encontrar una compañera para la vida.

Este libro es necesario hoy más que nunca.

También creo que es un buen libro para que lo lean las mujeres y se examinen a sí mismas. A medida que lean estos capítulos, las mujeres podrán identificar si están cayendo en algunos de estos rasgos negativos.

Este libro hace el asombroso trabajo de describir posibles obstáculos que podrían impedir que un chico alcance su máximo potencial. Puedo decir con confianza que escoger a la persona con la que va a pasar el resto de su vida es la segunda decisión más importante que tomará una persona en su vida.

A pesar de que este libro principalmente señala los obstáculos de casarse con la mujer incorrecta, entiendo que definitivamente también es aplicable al revés. Cualquiera puede cambiar, con la correcta enseñanza, amor, y ánimo. Sin embargo, cualquier cambio comienza con reconocer la necesidad del cambio y entonces estar dispuesto a cambiar.

Me aseguraré de que mis nietos lean este libro cuando sea tiempo de que ellos comiencen el tiempo de noviazgo. Te sugiero que hagas lo mismo.

INTRODUCCIÓN

La mayoría de la gente que agarre este libro instintivamente irá a la página del índice. Buscarán algo con lo que ellos se identifiquen. Los hombres solteros se preguntarán: ¿Quiénes son estas mujeres y cómo puedo evitarlas? Las mujeres solteras tendrán curiosidad y se preguntarán: *¿Soy yo alguna de estas?* Las madres protectoras querrán advertir a sus hijos: "Cuidado con esta". Y a pesar de que no escribí esto para hombres casados, muchos de los que conozco reconocerán a la mujer que he descrito y dirán: "Ojalá hubiera sabido entonces lo que sé ahora".

En realidad, he escrito esto para hombres solteros que algún día esperan estar casados. Y chicos, quiero compartir con ustedes algo que está en mi corazón: yo misma he luchado con algunas de las características de las trece mujeres. (Bueno... ¡quizá no con las de "Casada Casandra"!) No estoy señalando a *otras* mujeres unidimensionales y peligrosas. En lugar de eso, he reconocido estas cualidades *en mí misma* y en las mujeres que conozco, y sospecho que la mayoría de las mujeres, que sean honestas, también lo han hecho.

Las mujeres acerca de las cuales leerás en estas páginas, las cuales son al mismo tiempo ficticias y muy reales, son mujeres que se han dejado definir por una cualidad negativa. Yo no creo que la mujer que ha participado en un concurso de belleza es, necesariamente, superficial. Tampoco creo que la que es directa al hablar es necesariamente una persona que critica. Lo que sí he reconocido es que cuando las personas permiten que el pecado eche raíces, pueden llegar a ser moldeadas por ese pecado. Ese es el tipo de mujer que estoy describiendo en estas páginas: la que ha permitido que ese rasgo se convierta en una característica que define su personalidad.

Tampoco estoy escribiendo este libro para atropellar a otras mujeres con el autobús de los dichos proverbiales. En cambio, ya que he visto la forma en que algunos matrimonios han tenido dificultades con el peso de algunos de estos rasgos del carácter, quiero advertir a los jóvenes que conozco y amo (¡y algún día a mis dulces nietos!) que tomen la mejor decisión que puedan a la hora de escoger una esposa.

Sinceramente, espero que sea cual sea la razón, estés leyendo esto *antes* de encontrarte sumergido en una relación seria. A todos nos ocurren locuras cuando estamos "enamorados". Puede que, para asegurar la supervivencia de nuestra especie, Dios nos creara con hormonas que pueden hacer que pasemos por alto las imperfecciones de otros. Y aunque esa atracción natural es un buen regalo, a veces puede nublar nuestro juicio.

Si no estás en una relación seria ahora mismo, mi oración es que guardes estas palabras en tu corazón hasta que las necesites. Y también oro para que hagan que esté en ti la antena que necesitarás para discernir cuál es la mejor decisión a la hora de buscar compañero compañera.

Si *estás* en una relación seria con una mujer con la que estás considerando casarte, entrega este libro a tu compañero de cuarto, a tu hermano, o a tu tía. Inmediatamente. No pases por la casilla de salida, no recojas doscientos dólares. Reúne el coraje que hace falta para permitir que las personas que te aman opinen *sinceramente* de lo que ven en tu amada. A pesar de que las conversaciones de este tipo pueden ser incómodas, no puedo hacer suficiente énfasis en lo importante que es ser sincero contigo mismo. Si les das permiso, las personas que te aman te ayudarán a hacer esto.

Que el Señor te bendiga y te dé sabiduría mientras tú buscas honrarle con tu vida entera.

—Mary

El corazón de su marido está en ella confiado,
y no carecerá de ganancias.

—

Proverbios 31:11

1

TEN CUIDADO CON CELIA CEGADA

Cuando llegué al gimnasio el sábado por la mañana, Celia estaba subiendo las escaleras de la máquina simuladora con una gran determinación.

No mentiré: se veía fantástica.

Su cabello de color claro estaba recogido con una goma para el cabello de color lima, que combinaba con su top y sus pantalones deportivos. Mientras que las demás mujeres y hombres chorreaban sudor, Celia sudaba tan poquito que su piel simplemente… brillaba. Sin una pizca de maquillaje, aún parecía sacada de las páginas de una revista deportiva femenina. En serio, sus uñas *y* el logo en sus nuevas zapatillas deportivas eran de color verde lima.

Habíamos tomado algunas clases juntas a lo largo de los años, así que me detuve para saludar.

"Hola, Celia. ¿Cómo estás?".

"Bueno", comenzó, "la reforma en nuestra casa del lago está retrasada. ¡Otra vez!".

Intenté hacer parecer que me importaba.

Ella continuó, hablando rápido. "Le dije a Bob que tiene que conducir al lago esta semana y ponerles las pilas a los obreros".

"¿Y puede faltar al trabajo para hacer eso?", pregunté.

"Él dice que no puede, pero yo ya tengo una cita en la peluquería del lunes, almuerzo con unas amigas el martes, y un masaje el miércoles que *realmente* necesito. Tengo cita con un nuevo masajista fabuloso en Main Street. Me han dicho que me hará sentir *genial*. Luego, por desgracia, vienen mis suegros para ver el torneo de fútbol del pequeño Bobby al final de la semana".

"Ah", comenté, "¿está disfrutando del fútbol este año?".

"Sería mejor preguntar: '¿*Estoy* disfrutándolo yo?' Y la respuesta es no. Tenía un partido esta mañana, pero no he ido porque tenía que sacar tiempo para hacer ejercicio. Si no hago doce horas de cardio a la semana, me siento destrozada".

Si *yo* hiciera doce horas de cardio, estaría destrozada.

"Ahí es donde voy yo ahora", dijo, señalando las cintas de correr en la otra punta del local. "Que tengas un buen día".

Necesitaba alejarme de la energía de diva que Celia irradiaba. No sé cómo, pero siempre que hablábamos de algo, se trataba de Celia.

ORDEN TRASTOCADO

Celia Cegada está ajena a las necesidades de los demás. Su mundo, a pesar de que técnicamente incluye un marido, hijos, amigos y otros, se centra en lo que ella necesita y quiere.

Puede que hayas visto a Celia en algún evento social. Ella y su familia normalmente llegan tarde. Su marido, que la ha esperado con paciencia durante cuarenta y cinco minutos, parece apresurado. Sus hijos, también, han sido arrastrados en el tren impuntual que parece siempre marchar al ritmo de Celia. Pero al entrar en la sala, con cada cabello en su sitio, Celia parece despreocupada de su familia y de su impuntualidad. Porque, claro, ya que las necesidades de los demás no han sido consideradas, Celia tiene todo lo que quería.

En la mayoría de las áreas de su vida, Celia espera gratificación inmediata. Si ve un nuevo vestido de marca en un catálogo, lo pide en cuestión de minutos. Si decide que quiere tener un título en fotografía de famosos o descubre un crucero de yoga de dos semanas por el Caribe, se apunta inmediatamente, aparentemente sin darse cuenta de la influencia que sus acciones pueden tener en otras personas. Incluso en la iglesia se siente con derecho a estar la primera en la fila para el café.

En algunos casos, Celia Cegada era esa chica joven que siempre fue tratada como la princesa de papá. Tuvo todo lo que quería, cuando lo quería.

Ahora bien, no tengo nada en contra de una chica mimada por su padre, pero cuando tiene veinte años y aún dice ser la hija mimada de su papá, puede que algo está fallando. Si esto parece la descripción de una mujer que conoces, puedes considerar dejarle saber, de la forma más educada; "Cariño, me alegro de que seas la hija mimada de papá, pero yo estoy buscando una mujer. Busco una mujer que quiera ser una *esposa*, no una mujer que quiere seguir siendo la hija mimada de papá". Desgraciadamente, las mujeres que se ven a sí mismas como las hijas mimadas de papá a menudo hacen un terrible papel como esposas.

Celia es crónicamente incapaz de ver las cosas desde el punto de vista de otra persona. Sólo puede ver las cosas desde su punto de vista. Por ejemplo, está tan centrada en disfrutar de su nueva casa del lago, que no parece importarle el precio que pueda tener que pagar su marido por faltar al trabajo. (¡Me encantaría ver a este hombre sugerir que Celia se hiciera cargo de limpiar la casa del lago!). En lugar de reconocer la importancia de estar presente con sus hijos y las cosas que para ellos son importantes, sólo ve su propio deseo de ir al gimnasio. A pesar de que Celia está especialmente atenta a la forma en que ella se ve afectada por el mundo que le rodea, no está atenta a la influencia que sus acciones tienen en los demás.

NOTA PARA LOS HOMBRES SOLTEROS

Caballeros, entornen los ojos y miren al futuro. ¿Puedes visualizar la vida que compartirás con la mujer con la que estás considerando casarte? ¿Puede hacerlo ella también? No prestar atención a la trayectoria de la visión de futuro de la mujer, tanto la suya como la tuya, es un error que muchos hombres jóvenes cometen. Cuando ambos miran al futuro juntos, ¿ven lo mismo? ¿Ves tú a la mujer que Dios quiso que fuera, y ve ella al hombre que Dios quiso que fueras?

A falta de tu propia bola de cristal mágica personal, una de las mejores formas para ver el futuro es tomar pistas del presente. Ahora mismo, ¿ve las necesidades de los demás la mujer con la que estás considerando casarte? ¿Necesita ser ella el centro atención? ¿Puede ver lo que necesitas o quieres? Ahora mismo puede que estés lleno de gracia y paciencia hacia una novia que parece ponerse a sí misma primero, pero si esta es una mujer que pasará las siguientes cinco o seis décadas *poniendo a prueba* esa paciencia, puede que quieras ralentizar la relación.

En Efesios 5, Pablo describe un matrimonio en el que un hombre y una mujer se aman el uno al otro de la forma en que Cristo amó a la Iglesia. ¡No te pierdas eso! Ese es un amor radical que sacrifica su propia vida por la de otro. Celia, al contrario, se comporta como si su marido fuera su chico de los recados. No sólo no sacrifica su voluntad para servirle a él, sino que también se comporta como si él existiera sólo para servirla.

CONOCE A LA ANTI-CELIA

¿Estás familiarizado con la icónica "Mujer de Proverbios 31"? Es una persona dinámica. Yo sé que muchas mujeres aspiran a tener las mismas características que Salomón describe en Proverbios 31 y se sienten pequeñas al lado de esta mujer súper héroe. Tengo buenas noticias para ellas, y espero que también para los hombres.

Salomón no estaba casado de forma monógama como lo están los hombres hoy día. Como tenía muchas concubinas, las descripciones de este ilustre pasaje realmente están describiendo una combinación de mujeres. Por lo tanto, si alguna mujer está leyendo este libro, ¡se acabó la presión! (*¡Menos mal!*). Y espero que la presión se acabe también para los hombres, porque intentar encontrar a esa mujer exactamente sería una búsqueda eterna. No existe. No la encontrarás, porque es una fantasía.

En realidad, Salomón recogió cualidades de las diferentes mujeres que tuvo en su vida para crear lo que es, en esencia, una lista de deseos. Muestra una imagen del tipo de mujer que es una buena esposa. (Si las mujeres hicieran una lista de deseos similar describiendo al esposo ideal, el súper héroe que surgiría se parecería mucho a Jesús.) Ninguna mujer tendrá todas las cualidades de Proverbios 31 en abundancia, pero son buenas normas para ayudarte a reconocer a la mujer que está preparada y bien equipada para ser tu esposa. Por lo tanto, les echaremos un vistazo a medida que avancemos por este libro.

La mujer que Salomón describió es el tipo de buena esposa que es muy diferente a Celia. Decir que esta buena esposa no está centrada en sí misma todo el tiempo no significa que sea una esclava de los demás. En lugar de eso, esta mujer es sabia. Sabe manejar el dinero. Sabe supervisar trabajadores. Administra su hogar y, ya sea que ella use su propio plumero o contrate a alguien que tenga su propio plumero, se asegura de que todo avance suavemente. No necesita levantarse a las cinco de la mañana para pasar la aspiradora, pero tampoco se queda dormida hasta el mediodía. No se la pasa todo el rato en el spa o en el centro comercial. Es responsable y hace funcionar su hogar de la forma en que haría funcionar un negocio eficiente.

Específicamente, la mujer que Salomón describe no se parece en nada a Celia. Mientras que Celia espera que el mundo gire alrededor de ella, la buena esposa está especialmente atenta a las necesidades de los demás. Eso no significa que sea débil o inferior. Salomón la describió como una mujer talentosa y capaz que, como Cristo, escoge estar *al lado de* los demás.

OTRO TIPO DE MUJER

En contraste con Celia Cegada y las otras mujeres descritas a lo largo de este libro, me gustaría que pudieras hacerte una idea del tipo de mujer con la que sí quieres casarte. Todos nosotros, porque somos humanos y tenemos naturaleza pecaminosa, tenemos un poco de Celia Cegada (y las demás) en nosotros. Sé que ha habido muchas veces en que el Espíritu ha tenido que abrir mis ojos para poder ser consciente de las necesidades de aquellos que me rodean. A pesar de que ninguna mujer es perfecta, por supuesto que puedes poner la mira en el tipo de esposa que Dios imaginó cuando creó la primera mujer de la costilla de Adán. La intención de Dios para el matrimonio era buena, y de la misma forma en que quiero advertirte acerca de algunas mujeres que deberías esquivar, también quiero que comiences a darte cuenta del tipo de mujer que Dios ha diseñado para ti.

Una mujer de Dios, que es un sano ejemplo de lo contrario a Celia Cegada, es María, la madre de Jesús. La actitud de María, incluso cuando era una joven adolescente, era bastante asombrosa. En lugar de aferrarse a sus propios deseos, ya que ninguna chica del antiguo Cercano Oriente habría escogido ser madre soltera, ella fue capaz de dejarlos ir en sumisión a la voluntad de Dios con esta confiada afirmación: "He aquí la sierva del Señor; hágase conmigo conforme a tu palabra" (Lucas 1:38). María estaba dispuesta a someterse a Dios, en medio de las más absurdas y difíciles circunstancias, por un bien común más grande que el suyo. Estaba dispuesta a soportar la humillación y el chisme, y estaba preparada para dejar ir las esperanzas y los sueños que había tenido de un futuro que no incluía la sorpresa más extravagante del mundo.

María es radicalmente diferente a Celia, ¿no crees?

Celia Cegada no tiene la habilidad de ver más allá de sus propias necesidades y deseos. Mientras que, por un lado, ha crecido mucho en comparación con los demás, la visión que tiene para su vida realmente es muy pequeña. No puede verse a sí misma siendo usada, de ningún modo, para el bien mayor. Se trata, y siempre se tratará, de Celia. Tristemente, vive con el síndrome de Yo-Yo misma-Yo. Verás pistas de él en una conversación con ella cuando se queje: "Bueno, eso no *me* va bien. Esa realmente no sería *mi* decisión. *Yo* quiero hacer esto, ver eso, y tener aquello".

Ten cuidado con alguien que no puede ver más allá de sus propias necesidades y deseos. Este enfoque de la vida es como un agujero profundo que nunca se llena.

Al contrario que Celia, María estaba dispuesta a someterse al Espíritu Santo, confiando en que el resultado de su vida sería exactamente el que Dios quería que fuese. Hoy día, algunos llaman "debilidad" a cualquier tipo de sumisión, pero la sumisión de María fue realmente una demostración de una fuerza extraordinaria. María sabía que su vida importaba y que era importante, pero para ella era más importante cómo su vida podía ser usada para algo mayor que ella misma.

La mujer con la que estás considerando casarte, ¿reconoce algo mayor que sí misma, que es obra de Alguien mayor que sí misma?

El que una mujer no esté constantemente centrada en sí misma no significa que no tenga vida. Ni siquiera significa que su vida haya sido absorbida por la vida de su esposo. En realidad, significa que la Fuente de su vida realmente no se encuentra ni en sí misma ni en su esposo, sino que está cimentada en su relación con el Señor. Yo me esfuerzo para asegurarme de que esto sea verdadero en mí como esposa de Don. Ser guiada por Dios significa que he sido liberada de hacer que todo se trate de mí para convertirme en la esposa que fui creada para ser.

ECHA UN VISTAZO A LA ANTI-CELIA

Mi nuera Becky es un buen ejemplo de la anti-Celia. Becky es peluquera y tiene su propia empresa. Lleva las cuentas de las finanzas en su casa y tiene cuidado de no gastar más de lo que se pueden permitir. Ella revisa si la casa y la ropa están limpias. Se acuerda de los cumpleaños y aniversarios y se lo recuerda a mi hijo. (¡Incluso si es su propio cumpleaños o su propio aniversario!). Ella es realmente asombrosa.

Si Becky hiciera que todo se tratase de ella, insistiría en tener ropa de marca. Exigiría nuevas joyas llamativas. Su casa estaría decorada a medida con todo lo mejor. Necesitaría un auto nuevo cada año. Incluso puede que insistiera en que los niños tuvieran ropa de marca para que reflejaran bien a su madre. Pero, en lugar de eso, las prioridades de Becky son asegurarse de que todos los de su casa estén atendidos.

Este es un ejemplo: recientemente, Becky planeó una escapada de fin de semana para ella y para mi hijo, DJ. Planeó el cuidado de los niños, e hizo reservas y planes para hacer cosas divertidas juntos. De esta forma tan detallista, Becky pudo mostrarle a DJ que él es importante para ella. Ella hace esto cada día, de un millón de formas diferentes.

Becky es madre de tres hijos: dos niños y una niña pequeña a la que llamamos nuestro bebé "up" (que significa "arriba" en inglés). Kate nació con trisomía 21, también conocido como síndrome de Down. Su corazón tenía tan sólo dos ventrículos y una válvula. Para hacer la historia más corta, gracias a las oraciones, milagrosamente, hoy Kate está en primero de primaria. Le encanta el baile, y a menos que lo sepas de antemano, al mirar a Kate, apenas se nota que haya pasado por un milagro tan increíble. Por eso la llamamos nuestro bebé "up". Nos negamos a llamarla "Down"(que significa abajo en inglés), porque ella no es inferior en ningún sentido. A pesar de que Becky y DJ han pasado tiempos muy difíciles, ella ha conseguido mantener la compostura y aún sigue mostrando fortaleza.

Becky vive una vida de servicio a los demás, pero tiene una confianza sana en sí misma. Espero que puedas ver que la mujer cuya vida no está centrada en sí misma no es débil o inferior. Ella es una mujer fuerte capaz de vivir *para* otros, especialmente su esposo.

UNA MUJER QUE NO ESTABA CIEGA A LAS NECESIDADES DE QUIENES LA RODEABAN

Cuando Cheryl Salem tenía once años, fue víctima de un terrible accidente automovilístico que la dejó físicamente con fracturas y cicatrices. Mientras que a otra mujer las dificultades que enfrentó Cheryl le hubieran llevado a esconderse en la sombra, Cheryl llegó a competir en certámenes de belleza, ganando los títulos (entre otros) de Miss Mississippi en 1979 y Miss América en 1980. Cheryl es una mujer asombrosa.

Cheryl y su esposo, Harry Salem, tenían una preciosa hija, Gabrielle, que fue diagnosticada de un tumor cerebral inoperable. Tres días antes de que su dulce Gabrielle muriera, Don y yo visitamos la casa de los Salem. Me impactó durante esa visita la forma en que Cheryl nunca se dejó llevar por la autocompasión.

En cambio, en medio de las circunstancias más difíciles, sus ojos estaban abiertos a las necesidades de los demás.

Mi amiga Cheryl no sólo estaba atenta a las necesidades de su esposo y de sus hijos, sino que incluso recorría la casa atendiendo a sus invitados. Aún puedo escucharle preguntar: "¿Necesitas algo?". El contraste entre la belleza de Cheryl (que nunca pareció subírsele a la cabeza) y la forma en que ponía sus ojos en las necesidades de los demás me impresionó mucho.

La mujer con la que debes casarte que es la que, como Cheryl y Becky, tiene los ojos abiertos a las necesidades de aquellos que le rodean.

¿ALTO, PAUSA O ADELANTE?

Ya sea que tan sólo estés comenzando a imaginar el tipo de mujer con la que te gustaría casarte, salir de manera informal, o tener un anillo de compromiso que quema y hace un agujero en tu chaqueta, presta atención a las siguientes señales.

BANDERA ROJA

- Sus conversaciones tienen muchos "yo" y "mi".
- Tan sólo es capaz de ver las cosas desde su propio punto de vista.
- Sus necesidades son prioridad por encima de las de los demás.

BANDERA AMARILLA

- Se identifica a sí misma como "la niña de papá".
- No ve el mismo futuro que tú visualizas.
- No le importa ser un inconveniente para los demás.

BANDERA VERDE

- Tiene una clara visión del hombre que fuiste creado para ser.
- Anhela ser tu compañera y ayudante.
- Considera las necesidades de los demás.

Se levantan sus hijos y la llaman bienaventurada;
y su marido también la alaba.

—

Proverbios 31:28

2

ABANDONA A DORA DOMINADORA

Dora, otras cuantas mujeres y yo estábamos reunidas en el salón de Dora para planificar un evento para la comunidad. Cuando terminamos de planearlo todo y estábamos simplemente charlando, el esposo de Dora, Dave, entró por la puerta. De camino a casa del trabajo había recogido a sus gemelos del fútbol. Los chicos subieron corriendo las escaleras discutiendo entre ellos mientras él hacía malabares con su portafolios, el teléfono celular y una pila de papeles de la oficina. Una mirada al rostro ojeroso de Dave me dijo que había tenido un día muy pesado.

Antes de saludar a Dave o de darnos a nosotras la oportunidad de hacerlo, Dora le estudió y demandó: "¡¿Dónde está la leche?!".

Las incómodas miradas en el sofá donde yo estaba sentada me decían que yo no era la única que se sentía incómoda al presenciar ese difícil momento matrimonial.

Estoy bastante segura de que vi una pequeña bombilla como en los dibujos animados sobre la cabeza de Dave al recordar que se le había olvidado comprar la leche de regreso a casa. "¡Oh, no!", se lamentó. El miedo recorrió su rostro antes de dejar sus cosas en la mesita de café, darse la vuelta y salir a comprar la leche.

"¡Este hombre!", vociferó Dora hacia nosotras. "¡Si no fuera porque la tiene unida al cuello, perdería también la cabeza!".

Yo esperaba que su enojo terminara ahí, pero no fue así.

"Una cosa. Le pido que haga una cosa. ¿Es tan difícil parar a comprar una botella de leche?".

Ninguna de nosotras se atrevió a responder. Sabía que a mí se me había olvidado la leche unos días atrás, y sospechaba que la misma metedura de pata tan común quizá también habría silenciado a las demás.

Dora continuó: "Cocino una buena comida, y él llega tarde a cenar. Hago la reserva en un restaurante, y se le olvida. Es casi como si no *quisiera* estar aquí".

¡No me extrañaría! La botella de leche que se le olvidó había progresado rápidamente hasta el hecho de que Dave era un monstruo bastante horrible. Mientras Dora intentaba recomponerse, yo seguí pensando: *No vale la pena llorar por la leche derramada.* O en este caso: *No vale la pena gritar por la leche olvidada.*

CUIDADO CON DORA

De camino a casa, pensaba en la feroz reacción de Dora. Era casi como si le estuviera gritando a alguien que ni siquiera estaba en la habitación. Y como conozco a Dora, creo que probablemente fue así.

El padre de Dora se fue de casa cuando ella era una niña. Se pasaba de vez en cuando durante su infancia pero no se podía confiar en él. Cuando ella se casó, tenía la esperanza de que Dave llenara el vacío de su corazón. Y sin embargo, como Dave rápidamente descubrió en su matrimonio, nada de lo que él hacía podía sanar la herida abierta que le había causado su padre. Sin sanar, ella esperaba que los hombres se comportaran con ella como lo había hecho su padre. E incluso cuando realmente eran buenos hombres, como Dave, ella magnificaba sus errores como si los quisiera encajar en un molde con la forma de papá.

Quiero ser muy clara: no toda mujer que tiene un padre que le ha fallado es una Dora Dominadora. Conozco a muchas mujeres que han tenido padres que les dejaron o abusaron de ellas verbalmente y hasta físicamente, y no son mujeres dominadoras como Dora. En cambio, estas mujeres han permitido que Dios sane las profundas heridas en sus corazones para poder dar y recibir amor libremente. Al haber permitido que el Espíritu ministre a sus necesidades más profundas, han sido liberadas para establecer relaciones saludables con otros.

Desgraciadamente, Dora no es una de esas mujeres.

En cambio, Dora trata a su esposo como si no pudiera ver al hombre que está frente a ella y, con unos lentes raros y rotos, viera solo al hombre que las dejó a ella y a su madre. Así que diariamente ella pone a prueba a Dave, demandando que demuestre que no es como su padre, que se puede confiar en él. Espera que su marido falle, y le da muchas oportunidades de hacerlo. Y tristemente, como Dora se preocupa de recabar evidencias que demuestren que su esposo es como el hombre que le lastimó, Dave no tiene ninguna posibilidad.

La mirada que vi en el rostro de Dave, ese destello de temor por la ira inminente que sabe que llegará, ya la había visto antes. En su matrimonio, el dicho de la leche derramada se había convertido en un tsunami de reacción excesiva. Como a ella le cuesta mantener las cosas en perspectiva, Dora toma el grano de arena más pequeño y lo convierte en una montaña de infortunio para Dave. Los pequeños errores que los cónyuges debemos aprender a pasar por alto, como un recado que se ha olvidado, no escribir cuando nos retrasamos, en su lugar se toman como una lista de errores. Así, cuando él *falla*, Dora le castiga (después de gritarle) dándole el trato del silencio. (Él, por supuesto, recibe ese silencio como un regalo en vez de un castigo. No se lo digas a ella).

ESCUCHEN BIEN, HOMBRES

Si estás saliendo con alguien como Dora, observa cómo usa sus palabras. Lo que hay dentro de una mujer por lo general se puede reconocer por lo que sale de su boca. De hecho, cuando Jesús estaba enseñando a sus discípulos que un árbol se puede reconocer por su fruto, aconsejó: "Porque de la abundancia del corazón habla la boca" (Mateo 12:34). Eso significa que el carácter interno de una mujer es evidente por la forma en que ella habla. Este es un gran barómetro no solo para identificar a Dora Dominadora, sino a sus amigas, como Celia Cegada, también.

Las palabras de tu novia podrían no ser exactamente como los duros juicios de mi amiga Dora. Quizá en vez de eso le hayas oído bromear alegremente: "Me recuerdas a mi padre". Es probable que ya sepas si eso es algo que te presagia bien o si es una llaga en su corazón. Como se suele decir: "Muchas veces las verdades se dicen en broma". Escucha los comentarios bromistas de resentimiento que podrían indicar que Dora no es capaz de verte como *eres*.

También observa lo que ocurre cuando te equivocas. Quizá se te olvide hacer un recado mientras ella estaba ocupada en el trabajo. Quizá se te olvidó celebrar sus dos semanas de relación. Observa cómo reacciona a tus errores y puntos débiles. Esta no es una prueba que ella aprobará o suspenderá. Solo te estoy invitando a que observes cómo reacciona en situaciones de la vida real.

Si esta es la mujer con la que estás considerando casarte, presta atención:

- ¿Está llena de misericordia?
- ¿Intenta entender tu situación?
- ¿Te pide calmadamente que hagas algo distinto la próxima vez?
- ¿Se enoja?
- ¿Hace un berrinche?
- ¿Te da el trato del silencio?
- ¿Intenta manipularte con lágrimas?

También te animo a que observes cómo informa de tus errores a su madre o una amiga. ¿Reconoce que todos nos equivocamos? ¿O te denigra cuando cuenta lo que ocurrió?

Quizá quieras considerar también preguntarles a otros que les conozcan a los dos para ver lo que ellos ven y oyen. ¿Alguna amistad de ambos ve a Dora como alguien compasiva, considerada y equilibrada? ¿Les cuesta a tus hermanos, o a los de ella, relacionarse con ella? ¿Ha ofendido o excluido a tus amigos? Aunque puede ser tentador pasar por alto algunos de estos síntomas cuando se está bajo el hechizo del romance, de hecho sirven como valiosos indicadores acerca de la persona con la que estás considerando casarte. La mujer con la que sales quizá no se suelte como yo vi a Dora hacer con su marido. Pero si prestas atención a su carácter, a la forma en que ella usa las palabras, a la manera en que responde a las decepciones, tendrás una idea del tipo de esposa que será para ti.

LA MUJER QUE ES LLAMADA BIENAVENTURADA

Cuando Salomón describió a la esposa ideal, observó: "Se levantan sus hijos y la llaman bienaventurada; y su marido también la alaba" (Proverbios 31:28).

Me apuesto una botella de leche a que no es fácil para los hijos de Dora llamarla bienaventurada o alabarla.

El tipo de mujer a la que su esposo e hijos llaman bienaventurada es la que les trata con dignidad y respeto. Esto podría sonar algo así como: "Oye, cariño, si sabes que vas a llegar tarde, mándame un mensaje de texto".

La mujer a la que su familia valora y alaba es la que usa el entendimiento y la razón con ellos: "¿No hay leche? No pasa nada. Los niños pueden desayunar otra cosa por la mañana y yo compraré leche mañana al regresar a casa de la oficina".

Cuando pienses en el tipo de mujer con la que esperas casarte, este es un gran ejercicio: cuando visualices el futuro que compartirán dentro de veinte o treinta años, ¿puedes verte a ti y a tus futuros hijos alabándola y bendiciéndola?

UN MODELO BÍBLICO

Aunque Dora domina con sus palabras, la buena esposa maneja el conflicto con sensatez, madurez y razón.

Primera de Samuel 25 describe a una mujer con este tipo de sabiduría. Abigaíl era la hermosa esposa de un hombre malhumorado y malvado llamado Nabal. Cuando David, cuyos siervos habían guardado y protegido las ovejas de Nabal, le pidieron a Nabal que fuera hospitalario con él y sus hombres, Nabal insultó a David y le rechazó. David, que había sido ungido como rey pero aún no había ocupado el cargo, no toleró el insulto. Él y sus hombres comenzaron a prepararse para la batalla.

Cuando Abigaíl se enteró del conflicto, supo que tenía que actuar rápidamente. Sin que lo supiera su marido, cargó un gran banquete en asnos y envió siervos con ello para interceptar a David y sus hombres en el camino. Con palabras sabias eludió el conflicto, diciendo: "Oigan, no se preocupen por el viejo Nabal. ¿Qué sabe él? Usted será un rey fabuloso, David. El Señor le va a exaltar y prosperar, como ha prometido. Así pues, ¿por qué ha de haber sangre innecesaria en sus manos? Solo digo esto". (1 Samuel 25:23-31, más o menos).

Abigaíl, que probablemente estaba demasiado familiarizada con el mal humor de su marido, podía haber arrojado gasolina sobre su ruda y fiera respuesta a David. Pero al reaccionar sensatamente y dar buenas palabras y un festín al que pronto sería rey y sus cuatrocientos soldados, Abigaíl salvó las vidas de muchos.

Y *así* es como uno hace un grano de arena de una montaña.

Toda relación tendrá sus momentos de conflictos y fallos. La buena esposa actúa con sabiduría para minimizar los efectos secundarios en lugar de crear más de los mismos.

UNA MUJER QUE EDIFICA, NO DERRIBA

Cuando mi amiga Barb se casó con su esposo Joe, hace veinticinco años, muchas personas pensaron que eran una pareja extraña. Joe era un chico de la fraternidad y el alma de las fiestas. Era un verdadero payaso. Barb, no obstante, era seria y estudiosa. Estaba estudiando enfermería y sabía desde que era una niña que quería especializarse en oncología pediátrica.

Barb cree que a pesar de sus diferencias externas, el Señor les unió a ella y a Joe. Ha sido divertido ver cómo su relación ha crecido y madurado con el transcurso de los años desde que se fueron tras su banquete de bodas en el Volkswagen Escarabajo naranja trucado de 1978 que los hermanos de la fraternidad de Joe habían decorado para ellos.

Una de las cosas que he observado es que nunca he oído a Barb decir una palabra mala acerca de Joe. (¡Y no porque él de repente se haya convertido en un ángel!). Cuando Joe recientemente perdió su empleo como diseñador gráfico y decidió trabajar desde casa como diseñador de páginas web independiente, Barb le apoyó todo lo que pudo. No todas las mujeres harían lo mismo. Aunque muchas serían más como Dora Dominadora, Barb ha canalizado su energía en apoyar y edificar a su esposo. Y aunque ambos reconocían los riesgos de este paso, Barb solo ha tenido palabras amables que decir acerca del talento de Joe y la confianza que ella tenía en que él lograría tener éxito. Ahora mismo ambos están contentos de que el trabajo de enfermera de Barb esté pagando la hipoteca cada mes, pero cuando la empresa de Joe despegue, creo que será, en gran parte, porque se casó con una esposa que ha invertido su corazón y confianza en él.

UNA ANIMADORA

Dora Dominadora es muy crítica con su esposo, pero una piadosa mujer que conozco que resistió esta tentación es Pauline Harthern. Casada durante más de sesenta años con el pastor y evangelista Roy Harthern, Pauline le dio permiso a su esposo para ser quien él era. No quiero decir con esto que él nunca se equivocara ni tomara malas decisiones. Como a todos nos pasa, a él también. Pero cuando ella podría fácilmente haber sido crítica con su marido, como Dora Dominadora, Pauline estuvo a su lado y le animó a convertirse en un hombre mejor. Pauline permitió que Roy fuera

Roy, lo cual es algo que Dora Dominadora no puede hacer. Dora está tan atada a cómo las acciones de su esposo le afectan a ella y se reflejan en ella, que siempre está intentando cambiarle. Pauline, sin embargo, está tan cómoda en su propia piel que pudo darle una gran compasión a su esposo.

¿ALTO, PAUSA O AVANCE?

Mientras piensas en el tipo de mujer con la que te gustaría pasar seis o siete décadas, busca una mujer que te edifique y no te derribe. Escoge una cuyas palabras sean una fuente de productividad y no de decadencia.

BANDERA ROJA

- Ella siente que los hombres le han fallado, y esa herida aún le duele y palpita.
- Ella *espera* que tú le falles.
- Responde con crítica y negatividad cuando te equivocas.

BANDERA AMARILLA

- Bromea diciendo que eres como el hombre que le falló.
- Convierte pequeños conflictos en conflictos gigantes.
- Responde al conflicto con inmadurez.

BANDERA VERDE

- Ella extiende gracia y compasión cuando cometes un error sin querer.
- Puede compartir con calma su decepción y seguir hacia delante.
- Ofrece una solución razonable para la próxima vez que te ocurra lo mismo.

Engañosa es la gracia, y vana la hermosura;
la mujer que teme a Jehová, ésa será alabada.

—

Proverbios 31:30

3

SEPÁRATE DE SANTA SAMANTA

Conocí a Samanta en un retiro de mujeres en las montañas. Nos habían asignado al mismo mini grupo y éramos las primeras en llegar al lugar de reunión de nuestro grupo. Me senté en un cómodo sofá, y Samanta puso una silla en el círculo de mobiliario.

"Hola, soy Mary", dije yo.

"Soy Samanta", respondió ella. "Encantada de conocerte".

"Está siendo un fin de semana fantástico, ¿no crees?", me aventuré a decir. Las mañanas y las noches habían sido muy fresquitas, pero el sol había disipado el frío durante el día. "El tiempo ha sido muy bueno. ¡Sin duda muy distinto a Orlando, de donde yo soy!"

"Bueno", explicó Samanta, "yo le he estado pidiendo al Señor un buen tiempo para toda la semana. La Palabra promete que Él oye las oraciones de su pueblo".

Yo sonreí ante su referencia al Salmo 34, pero después me di cuenta de que Samanta no se reía.

"¿Has estado aquí antes?", preguntó ella.

"No", admití yo. "Nunca".

"Bien", explicó Samanta, "hay dos caminos para subir a la montaña. Cada año, antes de venir aquí, oro para saber qué camino tomar. Ayer estuve sentada dos horas en mi auto en el sendero de entrada de mi casa esperando en el Señor hasta que recibí de Él el visto bueno para viajar".

"Vaya", dije yo sorprendida. No me podía imaginar estar sentada en el sendero la entrada de mi casa dos horas a menos que tuviera las dos piernas rotas.

Samanta continuó: "Mary, el Señor bendijo ese tiempo".

Yo podía creer eso. Mi vida está tan llena como la de cualquiera, y me podía imaginar que estar ahí quieta con el Señor durante un periodo extendido de tiempo, como había hecho Samanta, sería un regalo. Hice una nota mental para almohadillar mi siguiente viaje con unos minutos extra en la puerta de mi casa antes de salir, tanto a la ida como a la vuelta.

Quería oír más. ¿Le habría hablado Dios al espíritu de Samanta? ¿Le habría enseñado mediante su Palabra? ¿Le habría ayudado a amar y a bendecir más a su prójimo?

"Ahora siento curiosidad", confesé yo. "¿Cómo fue esa experiencia de ayer con el Señor?".

Samanta miró con agrado que le hubiera preguntado. "Durante la primera hora, Dios se mantuvo en silencio", comenzó a decir.

Vaya, eso me ha pasado a mí. Bueno, quizá no en la entrada de mi casa, pero sí el silencio.

"Pero no me iba a mover ni un centímetro hasta que el Señor no me dirigiera", me explicó Samanta.

Como yo he experimentado etapas en las que el Señor parece callado, no estaba segura de poder haber tomado esa misma decisión. No si quería llegar a ese retiro en lo alto de la montaña.

"Finalmente", anunció Samanta, "el Señor habló".

En esos momentos yo ya estaba en el borde de mi asiento. ¿Qué le habría dicho Dios a Samanta? ¿Le habría encomendado sacar a un pueblo de la esclavitud como había hecho con Moisés? ¿Le habría prometido bendecir a muchas naciones a través de ella como hizo con Abraham? ¿Habría respondido al menos sus fervientes oraciones como lo había hecho con Ana?

"Me dijo que tomara el Paso de Berger".

¡Dos horas para conectar con el GPS divino! Como ella había pasado una semana ordenando el buen tiempo para el fin de semana, quizá dos horas para un mapa hasta la montaña parecía algo muy sencillo para Samanta.

Otras mujeres habían comenzado a llegar al lugar de reunión. Una, al escuchar sin intención nuestra conversación, se unió a ella: "Nosotras tomamos la carretera 38 estatal, la que serpentea por Rocky Hollow. De hecho, había dos autos que venían de nuestra iglesia. El auto que fue por el Paso de Berger tardó cuarenta y cinco minutos menos porque íbamos justo detrás de un auto que perdió el control y se salió de la carretera".

Era evidente por el orgulloso resplandor de su rostro que oír de ese accidente fue algo que agradó a Samanta. Era menos claro para mí si ella había hecho números para darse cuenta de que, con el retraso de su espera, aún había un hueco de una hora y quince minutos.

"Vaya", resoplé yo. "Lo siento. ¿Hubo heridos?".

"Bueno, creo que estarán bien", explicó la mujer. "El conductor hizo un viraje para evitar atropellar a un conejo y se salió de la carretera. Nosotras nos detuvimos para ver cómo estaban los pasajeros. Era una mamá con tres niños, todos en sus asientos para niños. La mamá estaba bastante asustada. Así que mientras Sandra, una enfermera que iba en nuestro auto, le hablaba a la mamá y le ayudaba a pedir ayuda, las demás asaltamos la nevera y la cesta de manualidades que habíamos traído para el retiro para entretener a los niños".

"Bien", confirmé yo. "Estoy contenta de que estuvieran ahí para ayudar".

Samanta aún estaba sonriente cuando interrumpió. "Llegaron después de que yo ya me había registrado en mi habitación y descargado mis maletas. Así que si el Señor no me hubiera guiado a ir por el Paso de Berger, ¡habría sido yo la que se hubiera cruzado con ese conejo!".

La líder de nuestro mini grupo llegó y llamó nuestra atención. Mientras el grupo se acomodaba, yo me preguntaba si probablemente el Señor no habría guiado al grupo que fue por Rocky Hollow para que pudieran ayudar a una familia en necesidad. Sospechaba que así había sido.

Quizá es más probable que sí.

¿QUÉ TIENE SAMANTA DE SANTA?

Me pareció un poco triste que Samanta contara evitar una situación donde Dios usó a su pueblo para bendecir a otros como una victoria en vez de un pérdida. Pero Santa Samanta valora la *apariencia* de justicia más de lo que valora vivir una vida de amor. Samanta no solo hace un espectáculo de oración para conseguir el camino a seguir. Ella te dirá que ha buscado la guía del Señor en cuanto a qué supermercado ir cada vez, dónde salir a cenar y qué película ver después. Y si encuentra un buen lugar para estacionar en el cine, te dirá que fue Dios quien se lo dio. (¿Quizá Dios no aprecia un buen paseo al fresquito desde los lugares no deseables?).

No envidio a Samanta por inclinar su rostro hacia el semblante del Señor para recibir guía. Los cristianos estamos llamados a llevar todo pensamiento, incluso, supongo yo, los que tienen que ver con el camino a seguir, cautivo a Cristo. El problema está en la necesidad de Samanta de *aparentar* ser súper espiritual. De hecho, nunca se pierde una oportunidad de decirte que ella es un poquito *más* espiritual que tú.

Tristemente, no hay ligereza, frivolidad o asombro en Samanta. Lo hace en serio. Y aunque puede estar muy familiarizada con las Escrituras, está atada por la ley en vez de ser liberada por la gracia. Samanta tiene poco humor o gozo en la vida.

Aunque Samanta se presenta como una mujer que confía en Dios, frecuentemente es más cierto justamente lo opuesto. Muy a menudo, Samanta está atada por el temor. En vez de avanzar para vivir una vida de libertad, obedeciendo el llamado de Cristo a amar a Dios y amar a la gente, Samanta tiene miedo de experimentar una vida de plenitud y libertad. En vez de vivir en la confianza de que Dios la sostiene, ama y protege, Samanta a menudo es más consciente de las astutas maquinaciones del diablo. Atenazada por el temor, empleará más energías evitando el mal y culpando al diablo de los infortunios de la vida que adentrándose en el mundo con Dios.

Aunque al principio me impresionó el compromiso de Samanta a discernir en el camino en la entrada de su casa, durante el transcurso de nuestro fin de semana juntas comencé a darme cuenta de que su temor a decepcionar a Dios, al tomar la ruta "equivocada", o escoger el restaurante "equivocado", o caminar cien metros más hasta el cine, era en realidad insano. Como ella está controlada por el temor a decepcionar a Dios, la apariencia de Samanta de súper espiritualidad muchas veces raya la *superstición*.

PRACTICAR EL DISCERNIMIENTO

Hombres, quiero ser clara en esto: cásense con una mujer que confíe en Dios y escuche su voz. La Samanta que he descrito, no obstante, solo presenta una apariencia de confianza aunque realmente está controlada por el temor.

Yo reconozco la atracción. ¿Quién no quisiera estar con alguien que recibe esas descargas divinas? Pero me gustaría ofrecerte algunas herramientas para ayudarte con el discernimiento. Para empezar, la relación de una mujer con Dios ¿le lleva al mundo que Él ama, lleno de personas heridas necesitadas de amor, esperanza y redención, o la aparta del mismo? ¿Está ella viviendo, probando y edificando el reino al que Jesús dio entrada, o gasta más energías evitando el mal? ¿Está su lenguaje espiritual respaldado con una vida de fe vibrante? ¿Alguna vez sirve calladamente sin anunciarlo ni buscar ser el centro de atención?

Dios no quiere marionetas. Su plan no es ni controlarnos tirando de las cuerdas desde el cielo ni controlarnos como un niño de diez años controla un brillante auto rojo dirigido por control remoto. Dios nos ha dado la libertad y creatividad para que escojamos dónde hacer la compra. Como resultado de nuestra intimidad personal con el Señor, Él nos libera para vivir y amar con osadía. Nos da trabajo que hacer y está con nosotros mientras lo hacemos.

La trágica falacia en el pensamiento de Samanta es que creía que podía cometer un error y escoger un camino equivocado hasta la cima de la montaña. Este tipo de pensamiento teológico está controlado por el temor y no por la fe. Hombres, la mujer con la que les conviene casarse es la que tiene una fe profunda y perdurable en Dios. Y esa fe profunda se expresa en un deseo de confiar en que Dios está presente con nosotros en las carreteras despejadas y soleadas de la vida y también que Él está con nosotros en los valles tempestuosos cuando los vehículos se salen de la carretera, cuando las mamás tienen miedo y cuando los niños están hambrientos.

Hombres, ustedes necesitan una mujer que confíe en Dios, que ore con ustedes al afrontar cambios importantes en su vida, que confíe en el Espíritu de Dios y su guía en ustedes así como ustedes confiarán en lo mismo para ella.

EL TEMOR QUE VENCE AL TEMOR

Cuando Salomón describió a la buena esposa, consideró importante distinguir entre las cualidades externas y las internas: "Engañosa es la gracia, y vana la hermosura; la mujer que teme a Jehová, ésa será alabada" (Proverbios 31:30). Lo más hermoso, estaba diciendo, era el corazón de una mujer que temía y confiaba en Dios.

Espera, ¿"temer al Señor"? ¡Salomón! Santa Samanta es temerosa, ¡y yo pensaba que había que evitar eso!

La palabra hebrea תאֲרִי (yi-rat) es el adjetivo que Salomón usó para describir a la mujer piadosa. Una forma de la misma palabra se usó en Génesis 22:12 cuando un ángel del Señor impidió a Abraham sacrificar a Isaac: "No extiendas tu mano sobre el muchacho, ni le hagas nada; porque ya conozco que *temes* a Dios, por cuanto no me rehusaste tu hijo, tu único" (énfasis de la autora). El ángel no estaba describiendo el temor de Santa Samanta: una ansiedad que impide a una mujer u hombre confiar en Dios. Más bien, esta palabra se podría traducir también por "respeto santo, reverente". El temor que experimenta Santa Samanta la mantiene atada, mientras que la reverencia de Abraham, de la buena esposa, hace justo lo contrario: libera a los individuos para confiar en Dios de formas atrevidas.

UN SÍ A DIOS SIN TEMOR

Aunque no siempre llegamos a ver dentro de los matrimonios en las Escrituras, uno del que *estamos* al tanto es la relación entre Elisabet y Zacarías. Zacarías era un sacerdote. Aunque habían querido tener hijos, Elisabet y Zacarías ya estaban entrados en años y no podían tener hijos. De hecho, ¡ya estaban bien entrados en la edad de ser abuelos!

Aunque algunos han proclamado que las únicas cosas seguras en este mundo son la muerte y los impuestos, cualquier mujer sincera mayor de setenta años te dirá que hay algunas cosas más que son seguras. Entre ellas se incluyen cabello canoso, piel flácida, pérdida de tono muscular y la inconveniente pérdida de otras funciones físicas. Chicos, no piensen demasiado en esto. Cuando hayan pasado medio siglo con su amada, ella será más hermosa para ustedes de lo que es hoy. Lo que quiero que oigan es que incluso aunque Elisabet hubiera *querido,* no podía poner su esperanza en su belleza exterior.

Zacarías estaba cumpliendo con su tarea sacerdotal quemando incienso en el templo cuando un ángel se le apareció. El destacado encuentro de Zacarías de hecho relata la forma en que podemos entender a una Santa Samanta moderna. Zacarías había servido al Señor fielmente durante décadas. Él y Elisabet habían orado con fervor durante años para que el Señor abriera el vientre de Elisabet. Pero año tras año, década tras década, no había bebé alguno. No había habido un mensaje claro para que visitaran a un especialista en fertilidad o a ese gurú de las medicinas naturales. Sin embargo, el hecho de que Dios no había aparecido para ofrecer una clara guía o intervención no había impedido que Zacarías y Elisabet siguieran confiando en Dios.

Durante años Elisabet había visto a todas sus hermanas, cuñadas, primas y amigas dar a luz. Un mes tras otro había esperado expectantemente, solo para sufrir decepción tras decepción. Y sin embargo, Elisabet continuó confiando en Dios cuando *no* recibió divinamente direcciones bajadas desde el Señor.

Entonces un día Zacarías llegó a casa del trabajo experimentando lo que parecía ser una reacción de estrés postraumático. Al menos había oído de Dios a través del ángel Gabriel, quien le aseguró que Elisabet concebiría un hijo en su vejez. Este no sería un niño cualquiera. Sería el que dirigiría los corazones de las personas hacia el Señor.

Presta atención a la reacción de Elisabet a esta noticia absurdamente maravillosa. Ella no contrató a algún acróbata aéreo que dibuja con la estela para anunciar a toda su aldea que el Señor había hablado a su esposo. No compró anuncios para poner en Facebook para asegurarse de que todas sus amigas supieran que Dios se había acercado a ella de forma muy personal. No, sino que en vez de proyectar la apariencia de intimidad con Dios, Elisabet simplemente *tuvo* intimidad con Dios. De hecho, durante cinco meses se recluyó (Lucas 1:24). Tanto cuando su vientre no revelaba aún la vida que había en su interior, como cuando era algo innegable, Elisabet volvió su corazón y su rostro hacia el Señor. Lo que era más importante para Elisabet que comunicar a otros que había tenido un encuentro personal con Dios era experimentar de hecho la presencia de Dios con ella.

¡SANTA SIRENA, BATMAN!

Cuando conocí por primera vez a Joanne, en la iglesia, estaba enseñando un estudio bíblico para mujeres. ¡Qué bien *conocía* esa mujer la Palabra! También era una gran comunicadora. Pero aunque era una maestra con mucho talento desde el atril, yo no sabía cómo se traducían su don y su fe en Dios en las relaciones interpersonales. ¿Sería una agotadora y molesta Santa Samanta? Si soy sincera, me temía que podría serlo. Aun así, cuando Joanne me invitó a un grupo de oración en su casa, yo acepté, como si hubiera estado interesada en conocerla mejor.

Imagínate mi agrado cuando Joanne abrió la puerta de su casa de par en par llevando una máscara de Groucho Marx. ¡La mujer tenía humor!

Mientras las demás tomábamos algo y charlábamos antes de orar, Joanne subió las escaleras y regresó con un reluciente traje de noche turquesa. Lo había comprado para la boda de su hermano y quería pedir nuestra opinión. "¿Me parezco a Ariel de *La sirenita*?", preguntó. "¡Díganme la verdad!". Así fue como de algún modo me encantó Joanne.

Según la fui conociendo mejor, descubrí que Joanne era una mujer que estaba inmersa en la oración y la Palabra. Y como te imaginarás, me entusiasmó descubrir que era lo más distinta que se puede ser a Santa Samanta. Joanne tenía una confianza sólida como una roca en la bondad de Dios y su presencia y poder en el mundo hoy. Lo que le faltaba, por fortuna, era una sosa disposición y la tentación a espiritualizar en exceso todo.

Chicos, mantengan sus ojos abiertos para encontrar una mujer que esté sólidamente afirmada en su relación con Dios y también exprese gozo y vitalidad por la vida.

UNA HUMILDE ESPIRITUALIDAD

Una de las mujeres que más admiro por su compromiso con las Escrituras y el profundo conocimiento de la Palabra de Dios es Gloria Copeland. Es increíblemente sabia y teológicamente firme. En verdad creo que sabe mejor lo que la Palabra de Dios dice que cualquier otra mujer en la tierra ahora mismo.

Cuando he pasado tiempo con Gloria y su esposo Ken, me ha gustado ver cómo interactúan entre sí, especialmente en el tema de la Biblia. Algo que realmente respeto de Gloria es que escucha a Ken hablar durante horas sobre las Escrituras, pero nunca le corrige. (¡Ella permite que el Espíritu Santo haga eso!). Y Ken alardea diciendo: "¡Ella conoce la Palabra mejor que yo!". Sin duda, Gloria es una mujer con una profunda confianza en Dios y fidelidad, pero, a diferencia de Santa Samanta, no necesita presumir de su conocimiento o intimidad con Dios. Al pensar en la mujer con quien casarte, que sea alguien que permita que Dios tome el centro del escenario en vez de *ella*.

¿ALTO, PAUSA O AVANCE?

No quiero que te confundas con si una mujer que se presente como alguien súper espiritual sea una Santa Samanta. Hay muchas mujeres que aman al Señor pero no tienen que anunciarlo.

BANDERA ROJA 🚩

- Usa la espiritualidad como una excusa para no actuar.
- Está más preocupada de la apariencia que de la justicia.
- Le impulsa el temor al enemigo.

BANDERA AMARILLA 🚩

- Su vida está marcada más por la cautela que por la libertad.
- Está llena de pensamientos acerca de decepcionar a Dios.
- Su espiritualidad está carente de gozo.

BANDERA VERDE 🚩

- Persigue una relación privada con Dios cuando otros no están mirando.
- Vive una vida de fiel respuesta a las Escrituras, no solo esperando a las invitaciones personales de Dios.
- Te animará a perseguir tu propia relación con el Señor.

Le da ella bien y no mal
todos los días de su vida.

—

Proverbios 31:12

4

APARTA LA MIRADA DE TRINI TROFEO

Al torcer la esquina de la sección de fruta y verdura y dirigirme hacia la pollería, de repente observé a mi vecina Trini al otro lado de la sección de refrigerados. Parecía como si estuvieran revisando su reflejo en la ventana del congelador. Rápidamente bajé mis ojos y revisé con cuidado qué pechugas de pollo escogería para cenar.

Si me fijaba bien en las pechugas de pollo, no tendría que pensar en un comentario educado que hacer sobre las nuevas que se había puesto Trini.

Después de haberse operado los labios y de quitarse las varices de las piernas, me había contado lo emocionada que estaba con hacerse sus implantes de pecho. Aunque yo me alegraba por ella, el comentario socialmente apropiado cuando alguien se ha hecho un trabajo así no estaba escrito en ningún lugar de la guía de etiqueta de Mis Modales.

"Hola, Mary", dijo ella, dando un paseo.

Pensé que podría estar inflando orgullosamente el pecho, pero probablemente no sería ese el caso. Aunque se hubiera acercado de forma muy humilde, aún así estaría inflado.

Con un guiño de ojo, Trini hizo señas: "Bueno, ¡saluda a las niñas!". Entonces echó un vistazo hacia su blusa.

Era algo así como si hubiera dado a luz a gemelas.

Sin saber qué decir a las "niñas", miré a Trini a la cara. "Bueno", mascullé yo, "¿estás contenta?".

"Lo estoy", dijo ella. "Ahora Tom no tiene que mirar boquiabierto a otras mujeres".

Conocía a Tom, y nunca me pareció alguien que mirase a las chicas boquiabierto; de hecho, siempre había pensado que estaba bastante contento con que Trini fuera tan físicamente atractiva. Ponía fotos muy orgulloso de ella en Facebook, y ella siempre parecía ser el foco de atención de sus tarjetas anuales de Navidad, rodeada de un reparto de actores secundarios que incluían dos hijos y unos cuantos perros. Y Tom.

Quería responder al comentario acerca de estar boquiabierto, pero también estaba insegura del protocolo. "Oh, Trini", comencé. "¿Por qué iba a mirar Tom hacia otro lado? Realmente no creo que él...".

"¡No sigas!", me cortó antes de que pudiera terminar. Parecía molesta. "Cuando estábamos en la fiesta de aniversario de sus padres hace unos meses, le vi mirando a otras mujeres. Estuvo hablando con su hermana Jenna y su mejor amiga del instituto durante un *largo* rato. Que no piense que no me di cuenta de eso".

"Quizá quería ponerse al día con su hermana", indagué yo.

Ella me cortó: "¡No me tires de la lengua con eso!".

No estaba del todo segura de qué asunto le había tirado yo de la lengua.

"¡Él y Jenna salen a tomar café cada dos semanas!", acusó ella. "Y sé que él también paga la cuenta".

Aún no podía discernir cuál era la gran ofensa.

"¿Acaso se pasa por mi oficina y *me* invita a café?", preguntó ella. "No. Pero saca tiempo para tomarse una cerveza todos los viernes con *sus* compañeros de oficina".

Aunque no veía que fuéramos a sacar nada productivo de nuestra conversación, pensé que debía hacer un último esfuerzo antes de tomar mi pollo e irme.

"Quizá funcionaría si le invitases tú a él a tomar café", sugerí yo. "¿Qué te parece esa pequeña cafetería que hay cerca de tu trabajo?".

"¿Para que así pueda flirtear con Brandi la camarera?", preguntó ella, como si yo debiera estar mejor informada antes de sugerir algo tan escandaloso como los cafés con leche.

Aunque había decidido seguir adelante, no pude *no* añadir: "¿Pero no tiene Brandi unos dieciséis años?". Pensé ingenuamente que subrayando el hecho de que la bulliciosa camarera era unas cuatro décadas menor que Tom podría hacer que Trini pensara con un poco más de cordura.

"¡Ese es exactamente mi punto!", gritó ella.

Y esa fue mi pista para irme

Yo quería ofrecer algún tipo de bendición de despedida de las pechugas, pero me costaba encontrar las palabras correctas. "Bueno", afirmé, "tienen muy buen aspecto". Al decirlo, bajé mi mirada para que las chicas supieran que no las estaba ignorando.

El elogio pareció aplacarla.

"Gracias", dijo con una gratitud genuina. "Siguiente parada, ¡abdominoplastia!".

Aunque no podía ver nada que necesitase eliminarse de su abdomen, sonreí como si la siguiente parada en el tren del cambio de imagen tuviera todo el sentido del mundo, y después tomé un paquete pegajoso envuelto en papel transparente y me fui.

Quizá también hice una pequeña oración por Tom, para que tuviera el buen juicio de mirar boquiabierto a su esposa.

TRINI TROFEO

Recientemente vi un informe en un programa de noticias por cable que me hizo pensar en Trini. Un hombre, como te puedes imaginar, había creado un gráfico como advertencia para otros hombres. Según su investigación, o al menos su *opinión,* el gráfico ilustraba su hipótesis de que cuanto más atractiva es una mujer, más *tarada* es. Y aunque no me parece que esa gran generalización sea cierta o justa, es una apta descripción de Trini Trofeo.

Trini Trofeo es la típica bombón. Es ese tipo de mujer que hace girar cabezas dondequiera que va. De hecho, es una de las cosas que le encantaba de ella a su esposo cuando eran novios. Es lo que primero notó él y, si es sincero, te dirá que no odiaba la forma en que eso le elevaba a él a ojos de otros hombres.

El esposo de Trini la pone en un pedestal. Y por un tiempo, funciona para los dos. A ella le encanta la atención que tanto él como otros le prestan. Él está tan orgulloso de enseñarla como lo está del trofeo dorado del torneo de golf que tiene en la repisa de la chimenea. Y si Trini es su trofeo, de algún modo él es el de ella también. Él es su posesión, y ella se molesta con cualquiera que le preste atención a él o le haga apartar su mirada de ella, ya que ella necesita una afirmación constante.

Trini es muy posesiva de su esposo. No solo se ve amenazada por una conversación informal que él tenga con una mujer en la cafetería de su trabajo, sino que incluso le molesta la atención que presta a otras mujeres de su familia. Ella le amonesta por ser un niño de mamá. Ella envidia la relación que él tiene con sus hermanas. A veces incluso codicia el tiempo que él pasa con su hija.

Aunque Trini proyecta lo que otros ven como un aire de confianza, es algo totalmente superficial. En realidad Trini es muy insegura e intenta controlar esos sentimientos de ansiedad perfeccionando su apariencia externa. Y como siempre le están alabando por su belleza física, nunca se ha aceptado por dentro y no ha desarrollado las otras partes de sí misma. Como dedica mucho tiempo, energía y dinero a su apariencia, vive una vida desequilibrada y torcida.

Obsesionada con cómo la ven los demás, Trini nunca pasa por una superficie reflectante sin echar un vistazo para asegurarse de que volverán la cabeza. Tristemente, su identidad propia está determinada por cómo cree que otros la ven. Trini no sale de su casa, para nada, hasta que no se arregle: cabello, maquillaje, joyas, vestido, zapatos, bolso, chaqueta. Si tiene un pelo descolocado, experimenta sentimientos de indignidad. Y si alguien comenta sobre su atractiva apariencia, ella cree, por un momento, que tiene valor.

En los casos más extremos, Trini desarrollará una conducta de acosadora. Quizá se quede fuera de la oficina de su esposo al final del día para ver si sale solo. Revisa los mensajes de texto de su esposo cuando está lejos el teléfono. Mira su agenda diaria.

Todo en la vida de Trini se trata de Trini.

UNA BREVE MIRADA AL FUTURO

Caballeros, quiero que visualicen a Trini Trofeo con unos cincuenta y tantos para que tengan una idea de lo que les deparará el futuro si deciden casarse con ella.

Si están saliendo ahora con Trini, probablemente no verán ningún problema con su belleza. No esperaría que los tuvieran. Y por favor, escúchenme: la belleza no es el problema. Conozco a muchas mujeres atractivas que no hacen que todo gire en torno a ellas. No tienen una necesidad crónica de llamar la atención. No están tan inseguras que envidian a la madre o hermana de sus esposos.

Simplemente quiero que presten atención a la forma en que una mujer se comporta en su relación otros.

- ¿Es capaz de interesarse genuinamente por otros, o constantemente deriva la conversación para enfocarla en sí misma?
- ¿Dice "Yo" más que lo que dice "tú" o "nosotros"?
- ¿Invierte mucho dinero y tiempo en perfeccionar su aspecto, o puede estar con otros cuando se ve más natural?
- ¿Ha sacrificado el desarrollar partes importantes de sí misma, emocionalmente, socialmente, profesionalmente o espiritualmente, a favor de su aspecto físico?

Permíteme ser directa: cuando te sientes físicamente atraído a una mujer, quizá no reconozcas las señales de aviso. Revísalas con alguien que te conozca bien y te ame: tus amigos, tus hermanos, tus padres. Ellos serán capaces de decirte cómo la han visto a ella. Te dirán si se ha interesado por sus vidas o si solo busca atención para ella misma. Quizá menos opacados por su belleza, estos seres queridos podrán discernir mejor si ella quiere un matrimonio de sacrificio mutuo o si solamente quiere que tú y otros la adoren.

Como muchos de los tipos de los que te estoy advirtiendo que evites, quiero que te des cuenta del otro lado de aquello que más admiras de una mujer. En el caso de Trini Trofeo, el otro lado de su belleza podría ser que se le da más importancia que la que puede soportar la relación.

LE DA ELLA BIEN

El tipo de mujer que da bien a otros, a su esposo, su familia, su gente, es el tipo de mujer descrita en Proverbios 31.

Como recordatorio, el autor de Proverbios 31 fue Salomón, el hijo de David y Betsabé (también identificada como una de las esposas favoritas de David). El rival de David, Saúl, había sido el primer rey de Israel; David había sido el segundo. Salomón fue el tercero.

No me quiero ni imaginar lo que hubiera sido ser uno de los hijos de David en una familia polígama. Si los escandalosos dramas por televisión de las familias polígamas modernas sirven de indicador, Salomón habría crecido conociendo y relacionándose con todas las esposas de David. Me imagino que si alguien estaba calificado de forma única para juzgar los méritos de varias esposas, era Salomón, que había visto seis o siete operar en el contexto de su familia.

Como varón, ¿habría puesto atención a las diferencias entre las esposas de su padre?

¿Habría comparado los méritos de su propia madre con el de las otras?

¿Se habría dado cuenta de qué esposas prosperaron y cuáles perdieron el hilo?

Independientemente de cómo lo discerniera, Salomón dijo de la buena esposa: "Le da ella bien y no mal todos los días de su vida" (Proverbios 31:12). La buena esposa da bien a su esposo y a los que tiene a su alrededor. Tristemente, la esposa trofeo está más preocupada de cómo la están percibiendo.

Cuando consideres el tipo de mujer con el que casarte, busca una esposa que busque el bien de otros, incluyendo el tuyo. Aunque puede parecer que un matrimonio podría funcionar cuando cada persona persigue su propio bien, nada podría estar más lejos de la verdad. Aunque las matemáticas parecen correctas, dos personas buscando el bien de dos personas, nunca es así. Los matrimonios más saludables y más plenos son aquellos en los que cada individuo busca el bien del otro. Y de *otros*.

UNA REINA HERMOSA

La contraparte bíblica de la físicamente atractiva Trini Trofeo no es quien tú te imaginarías. No era una mujer fea o sencilla. Fue una mujer hermosa que no se servía a sí misma como lo hace Trini. No demandó atención, sino que actuó con integridad.

Un año en Susa, donde el rey persa Jerjes tenía un palacio de invierno, se estaban celebrando dos banquetes a la vez. Uno era para el rey y todos los hombres de Susa. Otro lo daba la reina Vasti para todas las mujeres de la corte real y la nobleza. No se escatimaba coste alguno en estos ricos y exquisitos banquetes reales.

Las cosas se pusieron interesantes cuando el rey Jerjes se emborrachó un poco y pidió que le llevaran a Vasti. Para ser directa, él quería mostrar su trofeo. Aunque a Trini le hubiera encantado eso, no sucedió lo mismo con Vasti. Quizá ella pensó que le estaban tratando más como un objeto, como una de las concubinas del rey, que con el respeto real que merecía.

Vasti no iría al banquete de ningún hombre.

Digamos que esto no funcionó muy bien con Jerjes. Aún bastante alegre, hizo que Vasti fuera desterrada por humillarle.

Este tipo necesitaba encontrar otra mujer trofeo. Siguiendo el consejo de sus consejeros, los mismo que le convencieron para desechar a Vasti, el rey ordenó que buscaran jóvenes vírgenes hermosas para hacerles una transformación, y después él decidiría cuál era la que más le agradaba. Según Ester 2, la búsqueda nacional (lo cual se hubiera convertido en un gran reality de televisión) comenzó.

Puedo ir al grano y decirte que la sucesora de Vasti fue una joven muy hermosa llamada Ester. Además de su belleza, también era inteligente. Hizo una alianza con uno de los consejeros del rey que le ayudó a ganar la corona.

Quiero que oigas cómo usó Ester, o niveló, su belleza.

Aunque Ester era judía, nadie en el reino lo sabía. El drama aumentó cuando su tío Mardoqueo rehusó postrarse ante Amán, el oficial más alto de la corte. Amán estaba furioso. Y no solo con Mardoqueo, sino con todo el pueblo judío en la tierra. Persuadió al rey de que esas personas que eran distintas suponían una amenaza para el reino, y se fijó un día para su matanza.

En el giro conmovedor al más puro estilo de un drama de Shakespeare, el rey que había ordenado la ejecución de los judíos no se dio cuenta de que su amada esposa se encontraba entre ellos. La trágica comedia de malentendidos (de verdad, léelo, es bueno) continuó hasta que, como respuesta a un espléndido banquete, el rey le ofreció a Ester cualquier cosa que ella deseara.

Con sabiduría y diplomacia, sabiendo que todo podría terminar muy mal para ella, Ester luchó por las vidas del pueblo judío.

La vida de Ester, su estima a los ojos del rey, su estatura real, todo lo que podía haber disfrutado como una hermosa esposa trofeo, fue usado para el bien del pueblo judío. Aunque para Trini Trofeo solo existe, bueno, Trini Trofeo, Ester tuvo tanto la visión de defender a otros como el valor para llevarlo a cabo.

CONOCE A LA ESPOSA NO-TROFEO

En 1963, un músico llamado Jimmy Soul sacó una canción ridícula llamada "Si quieres ser feliz". Es algo parecido a la versión tradicional de *13 Mujeres con las que nunca deberías casarte*. Salvo una. El pegadizo coro advierte a los hombres para que no se casen con una mujer guapa sino que busquen mejor una fea.

Profundo, ¿eh? Imagino que Jimmy Soul quizá habría tenido una mala experiencia con Trini Trofeo. Bien, chicos, me alegra decir que casarse con una mujer físicamente poco atractiva no es un requisito para una vida feliz.

Mi amiga Sally es un buen ejemplo. Sally es una de las mujeres más bellas que jamás he conocido. Cualquiera que ponga sus ojos en ella estaría de acuerdo conmigo. Pero lo que es incluso más atractivo que la belleza física de Sally es esto: parece que no tiene ni idea de que es tremendamente guapa. No es que Sally se menosprecie tampoco. Ni evita los elogios que le hacen ni va por ahí buscándolos con alguna pregunta tipo: "¿Estos tejanos me hacen el trasero muy grande?". Lo que más resalta de Sally es que es evidente que no gasta mucho tiempo en su aspecto. Eso no significa que vaya hecha un desastre tampoco; se cuida y es consciente de su apariencia.

El pastor Tim Keller dijo una vez: "La esencia de la humildad del evangelio no es pensar más de mí mismo o pensar menos de mí mismo; es pensar menos en mí mismo".[1] Bien, ¡esa es Sally! Ella se interesa tanto por otros, por su esposo, por otras mamás en las gradas del fútbol, por los amigos de sus hijos que no van muy bien en la escuela, que sencillamente no pasa mucho tiempo pensando en ella misma.

Caballeros, que una mujer sea físicamente bella es menos importante que el hecho de que sus ojos estén puestos en el bienestar de otros. Evitarás casarte con Trini Trofeo si pones tu vista en una mujer cuyos ojos estén puestos en otros.

UNA MUJER CONFIADA DE CARNE Y HUESO

Chicos, quiero que oigan claramente que no todas las mujeres hermosas son una Trini Trofeo. Una de las mujeres más bonitas que conozco, Victoria Osteen, la esposa del pastor Joel Osteen, es un gran ejemplo. Quizá sepas que él ha obtenido una atención nada pequeña en todo el mundo; sin embargo, Victoria no se ve amenazada en absoluto por su éxito. No solo no es una mujer celosa, sino que no demanda la atención de otros. Victoria adora a Joel y no se siente empequeñecida por el éxito de su esposo.

Caballeros, busquen una mujer que pueda ser una compañera asociada con ustedes a lo largo de sus días, no una que demande el foco de atención para sí misma.

¿ALTO, PAUSA O AVANCE?

¿Acaso no sería fantástico saber, a simple vista, si una mujer se comporta como Trini Trofeo? Estas son algunas pistas para identificar a una mujer que esté más preocupada del bienestar de otros que de sí misma.

BANDERA ROJA

- Es envidiosa y considera que su hombre es su propio trofeo personal.
- Es posesiva contigo y celosa de otras mujeres.
- Muestra hacia ti conductas acosadoras.

BANDERA AMARILLA

- Está excesivamente preocupada por su aspecto personal.
- No puede salir de casa si no está arreglada.
- Envidia a las otras mujeres legítimas de tu vida: madre, hermanas, etc.

BANDERA VERDE

- Se interesa genuinamente por otros.
- Dice "tú" más veces que "yo".
- Busca tu bien y el bien de otros.

Fuerza y honor son su vestidura;
y se ríe de lo por venir.

—

Proverbios 31:25

5

PASA DE VANESA VANIDOSA

Cuando me encontré con Vanesa en el estacionamiento de un centro comercial local, ella se comportaba como si la hubiera sorprendido entrando en un club nocturno. Parecía visiblemente ansiosa cuando me vio.

"Hola, Vanesa", le dije yo, saludando y cruzando una separación con césped para charlar mientras ella regresaba a su auto. "¿Qué te traes hoy entre manos?".

De manera casi secreta, como si deseara que no nos hubiéramos encontrado, Vanesa rápidamente metió unas cuantas bolsas de Walmart en el diminuto maletero de su Jaguar y lo cerró de un portazo.

"Bueno, yo *normalmente* no compro aquí, al menos no la ropa. Pero tenía que conseguir algunos materiales escolares para Jamie y Jenny, y como venía de regreso de Saks, esto me quedaba de camino, como tenía que poner gasolina…".

Oír las protestas de Vanesa fue algo penoso. Está claro que ella no se daba cuenta de que Walmart era donde yo me dirigía a comprar y también donde había comprado mi par de pantalones tejanos favoritos. Cuando terminó su larga explicación acerca de por qué no compraba en Walmart pero *había* hecho unos cuantos recados de sábado por la mañana, pregunté: "¿Y qué compraste aquí?".

Incluso mientras salían las palabras de mi boca, yo misma me sorprendí de oírlas. Normalmente no interrogo a la gente acerca de sus compras, pero sospechaba que Vanesa querría contármelo. Y sin lugar a duda, su rostro se iluminó cuando se lo pregunté.

"Bueno, han invitado a Jenny a un "baby shower" (fiesta prenatal) de una de sus maestras en Highview Prep", dijo ella, corriendo rápidamente para abrir la puerta del acompañante de su vehículo y sacando una gran bolsa de una tienda para niños de un nuevo diseñador popular llamado Froufrou. La matrícula en Highview Prep era de dos mil dólares por niño al mes, y las gemelas eran estudiantes de segundo año. Como sabía que el esposo de Vanesa, Patrick, había estado sin trabajo unos diez meses, me extrañaba que sus hijas aún asistieran al instituto más prestigioso de la zona. Ni tampoco por qué Vanesa no compraba un regalo en Walmart.

Me preguntaba si era una coincidencia que hubiera metido las bolsas de Walmart de un portazo en el maletero mientras la de Froufrou estaba a la vista en el asiento delantero.

Vanesa sacó varios trajecitos de bebé muy bonitos que yo sabía que le quedarían bien a un niño de unas tres semanas. Me enseñó un rizoso vestido blanco adornado con un lazo de satín rosa, que era realmente encantador. Aunque sabía que hubiera sido una falta de tacto mirar la etiqueta del precio, tuve la impresión de que esos trajecitos le habrían costado unos cuantos cientos de dólares.

"¿Acaso no es adorable?", murmuró ella de admiración. "Mira, ¡incluso la etiqueta es bonita!".

El nombre de la tienda estaba bordado en la tela de la etiqueta y adornado con lacito rizado. Era hermoso. La etiqueta era muy bonita. Y no pude evitar ver que tenía una cifra de tres dígitos en el precio seguida de dos ceros realmente bonitos. ¿Tenía Vanesa la intención de enseñarme lo que se acababa de gastar en el vestido hecho a mano? Le daría el beneficio de la duda y supondría que *realmente* le encantaban las etiquetas únicas.

"Oh, vaya", me maravillé yo, "realmente lo es. Debe ser una maestra muy buena".

"Bueno", explicó Vanesa, "ella vive en [un vecindario de lujo local] y su esposo trabaja para [una empresa muy prestigiosa]. Y no han invitado a todos los alumnos, así que pensé que sería bonito para Jenny llevar algo así".

"Bueno, son muy bonitos. Creo que a su maestra le encantarán".

"Ah, ¿sabes quién va ahora a Highview?", me dijo Vanesa. "El hijo del Dr. Harrison, que es el nuevo director de oncología del hospital. ¡Jamie y este chico conducen el mismo auto! ¿No es divertido?".

Era evidente que esta trivialidad realmente le agradaba mucho a Vanesa.

"¿Y cómo le va a Patrick?", pregunté yo. Don y yo habíamos estado preocupados por esta familia por los meses que Patrick había estado sin empleo.

"Oh, ¡le va muy bien!", me dijo. "Jugando *mucho* al golf. Le encanta. He estado pensando que probablemente deberíamos hacer un viaje familiar a Grenada en las vacaciones de verano de las niñas.

Aunque su seguridad se veía hueca, lo acepté.

"Eso suena bien", dije yo. "Bueno, por favor dile a Patrick que nos acordamos de él".

"Lo haré", prometió Vanesa, metiéndose en el asiento del conductor. "Encantada de verte, Mary".

"Cuídate", respondí yo, y me dirigí hacia Walmart.

Aunque me di cuenta de que realmente no importaba, en lo secreto esperaba que Vanesa me viera entrando orgullosa por la puerta de esta gran superficie.

DELIMITANDO A VANESA VANIDOSA

Esta Vanesa Vanidosa, así como todas las demás que existen ahí afuera, quería que yo supiera que ella, y su marido y sus hijas, tenían una *gran* vida. Que las compras extravagantes, dárselas de conocer a gente, y etiquetas prestigiosas no era algo que yo valorase particularmente, no significaba nada para ella.

Vanesa Vanidosa tiene que tener lo mejor de todo: el vehículo más impresionante, ropa de marca, la casa más grande en el vecindario más caro. Y tristemente, constantemente compara lo que tiene con lo que otros tienen. Así que no se trata solo de alardear de lo que ha conseguido; Vanesa necesita tener cosas *mejores* de las que alardear que otros. Si su vecina presume de tener una alfombra en la entrada de dieciocho mil dólares, Vanesa buscará una estatua de veinte mil dólares para su recibidor. Si una amiga tiene un entrenador personal, Vanesa contratará a un entrenador *y* un masajista. Cuando un conocido instala una piscina en el jardín posterior, Vanesa pone un piscina *y* una pista de tenis.

Por si no te has dado cuenta, Vanesa quizá pueda o no pueda permitirse estas compras extravagantes. Aceptar la realidad de vivir dentro de sus posibilidades es menos importante para ella que asegurarse de que se reconozca que ella lo tiene. No le importa que el Rolls en su garaje haga aumentar profundamente la deuda familiar o que la casa de vacaciones no se pague en toda su vida o en las vidas de sus hijos.

Vanesa no solo alardea de lo que tiene, sino que también presume de a quién afirma conocer. (El hecho de que de verdad sea así o no es poco relevante). De hecho, es un poco triste. Ella dará a entender de cualquier forma posible que está conectada con la alta sociedad, ese empresario o algún pequeño famoso. Estar conectada con las personas de poder y privilegio le da a su propio sentido de valor personal un empujón.

Ya sea que Vanesa tenga una profesión o se gaste el dinero de su esposo, ella está completamente despegada de la diferencia entre "querer" y "necesitar". Aunque otros sí pueden ver más allá, Vanesa Vanidosa puede convencerse a sí misma de que "necesita" cada extravagancia que compra.

Si te cuesta entender la forma en que esta mujer actúa (y puede que así sea), tan solo debes saber que su identidad, quién ella es, está arraigada en poseer *cosas*.

UN VISTAZO A LAS FUTURAS NAVIDADES

Caballeros, ¿cómo se sienten cuando les doy este panorama de unas futuras Navidades de cómo podría ser la vida con Vanesa Vanidosa? Si se sienten nerviosos o preocupados, habré cumplido con mi trabajo.

Unir tu vida a la de Vanesa Vanidosa es arriesgar un futuro financieramente y emocionalmente seguro. Vanesa estará más preocupada de impresionar y agradar a otros, incluso a otros al azar con quienes ella no tiene una afinidad especial, que de amarte.

Si crees que Vanesa se parece un poco a Trini Trofeo, tienes razón. Ambas mujeres están preocupadas más respecto a que otros las acepten. Sin embargo, mientras que Trini es posesiva con la gente, al ser elevada como un trofeo ella misma y al aferrarse fuertemente al hombre como su propio tesoro personal, Vanesa es posesiva con las *cosas*. Aunque quizá ella ni siquiera lo reconozca en sí misma, Vanesa valora las opiniones de otros, que obtiene mediante lo que posee y presume, por encima de tu opinión o de la opinión de Dios.

Si estás en una relación seria ahora mismo, quizá estés un tanto enamorado de algunas de las mismas cualidades que no parecerán tan deslumbrantes y bonitas después de veinte años de matrimonio como parecen hoy.

- ¿Has oído pronunciar a esta mujer nombres de personas de influencia en conversaciones para levantar su propia imagen?
- ¿Trabaja y vive dentro de sus posibilidades, o gasta o gasta excesivamente su dinero? ¿El dinero de sus padres?
- ¿Es importante para esta mujer vestir las marcas "correctas"?

Escúchame: no tengo ningún problema con que una mujer vista o disfrute de cosas bonitas. Pero quiero prevenirte de que observes cuánto significa eso para ella.

Permíteme sugerirte un ejercicio que podría dar algo de luz sobre esta mujer. Si echaras un vistazo a su hogar por la noche y cortaras todas las etiquetas e insignias de su ropa, si cortaras las chapas brillantes de Michael Kors que cuelgan de sus bolsos, eliminando todo atisbo de prestigio, ¿cómo reaccionaría ella? (Legalmente estoy obligada a dejar claro que no recomiendo hacer eso. ¡No prueben eso en casa!). ¿Sería la mujer que amas igual de feliz de meterse en el mismo traje que llevaba una etiqueta de moda el día antes que si se pusiera uno sin distintivo alguno de privilegio? Si crees que no tendría problemas en llevar el tipo de tejanos cómodos de imitación que a mí me encantan de Walmart, puede que entonces merezca la pena.

Y espero que también estés aprendiendo que una de las formas de saber lo que una mujer verdaderamente valora es escuchar sus palabras. ¿Se compara constantemente con otras la mujer que amas? ¿Hace alusión a personas conocidas para impresionar a otros? Lo que dice una persona a menudo dará pistas importantes de lo que más valora dicha persona.

Si decides casarte con una Vanesa Vanidosa, por favor debes saber que mantenerla feliz probablemente te hará sentir como una endodoncia que nunca termina.

VESTIDA Y RIENDO

Cuando Salomón describe a la mujer ideal, no hace mención a bolsos elegantes de marca, invitaciones a cenas de personas influyentes o poderosas, o incluso si tiene una pista de tenis al lado de su piscina. En su lugar, escribió: "Fuerza y honor son su vestidura; y se ríe de lo por venir" (Proverbios 31:25).

La buena esposa no necesariamente se viste con trajes caros sino que se viste de fuerza y dignidad. Esta dignidad y fortaleza inherentes se encuentran en su carácter, no en su armario o sus posesiones.

Me encanta la ligereza que describió Salomón cuando dijo: "Y se ríe de lo por venir". En cierto aspecto, tanto Vanesa Vanidosa como la mujer que describió Salomón tienen algo en común: no piensan mucho en el futuro. Pero mientras el futuro de Vanesa no hay duda de que incluirá mucha deuda, la buena esposa es aquella que confía en Dios, y no en las apariencias externas, para su presente y su futuro.

FIDELIDAD HUMILDE Y FIRME

Si Vanesa Vanidosa está obsesionada con las apariencias externas, la mujer bíblica que es su polo santo opuesto es Lea. Lea era la hija de Labán y la hermana mayor de Raquel. Aunque hay mucho que decir de Lea y Raquel, las hermanas era muy conocidas por su relación con Jacob. La historia de estos tres podría ser carne de cañón para dramáticas miniseries de televisión. Cuando Jacob robó la bendición de su padre, que le pertenecía legítimamente a su hermano mayor Esaú, Jacob huyó para que Esaú no le matase. Cuando Jacob fue al pozo, vio a Raquel cuidando las ovejas de su padre, Labán. Fue el clásico caso de amor a primera vista. Jacob se enamoró de Raquel, y se enamoró hasta los huesos.

Sin tener ni idea de qué clase de tipo era Jacob, como el futuro padre de muchas naciones, Labán accedió a permitir que Jacob se casase con Raquel bajo una condición: Jacob trabajaría siete años para Labán.

Sin embargo, en la noche de bodas, ese engañoso Labán le jugó una mala pasada a Jacob, al cambiarle una hija por otra. Aunque no se nos dejan saber todos los detalles del drama, casi puedo ver el cambio como una debacle de unos dibujos animados, con Lea envuelta calladamente en un velo y la desesperada Raquel encerrada en un armario. La razón que ofreció Labán en Génesis 29 fue que tenían costumbre de que la hija mayor se diera en casamiento antes que la pequeña. Aunque esto es cierto, creo que no excusa el mal comportamiento de Labán.

Jacob y Raquel, que se habían imaginado sus nupcias durante siete años, estaban desolados, y por eso, cuando el engañoso Labán ofreció la mano de Raquel en casamiento si Jacob trabajaba otros siete años *más* para él, Jacob accedió. Claramente, nadie se escapaba a casarse a Las Vegas en esos tiempos.

¿Te imaginas lo que sentiría Lea? ¿Un peón sin valor en la egoísta táctica de Labán?

Algo de lo que discernimos acerca de Lea no está explícito en el texto bíblico. Más bien, está entretejido entre líneas. La Biblia no nos dice si Lea era el tipo de mujer que hablaba mal de su hermana. No sabemos exactamente cómo llevaba la compleja relación entre su esposo y su hermana. Recuerda que cuando Jacob se casó con Raquel, Lea no fue enviada a un apartamento en la ciudad. ¡Ella seguía casada con Jacob!

Lea se mantuvo fiel a Jacob en lo que debió de haber sido una situación terriblemente difícil. Pero su valor no tenía nada que ver con la belleza externa o las sandalias de marca. Ella no tenía una belleza encantadora. Lea era una mujer que se mantuvo fiel cuando otros, es decir, trágicamente, su esposo, *no* la tenía en muy alta estima.

NO HAY NECESIDAD DE PRESUMIR DE ELLO

Es importante para Vanesa Vanidosa que todos vean el tipo de símbolos de estatus que le hace (en su propia mente) ser valiosa y digna de conocer: un auto deslumbrante, una casa a medida, etiquetas de diseñadores, niños en escuelas prestigiosas. Pero su opuesto, como hemos aprendido de mi amiga Janelle, no es Patética Penélope. No es alguien que está avergonzada de no poder comprarse el auto, la casa, las modas o las escuelas. (Te recomendaría que evitaras también a esta Penélope).

Janelle ha tenido mucho éxito en el mundo empresarial. Es una entendida empresaria que ha construido una empresa ayudando a personas y familias que sufren una transición de la casa en la que han vivido a una casa asistida u otras situaciones de vida más modestas. Y aunque Janelle tiene los recursos para comportarse como Vanesa Vanidosa, de hecho quizá más, ella coherentemente toma decisiones que no presumen de su riqueza o estatus. Realmente todo se reduce más a de un asunto de billetes y monedas. Janelle está tan firmemente arraigada en su identidad como hija amada de Dios, que las percepciones de otros son totalmente irrelevantes para ella.

¿No te parece esta una manera fabulosa de vivir?

Lo más destacado es que otros perciben fácilmente esto acerca de Janelle. Reconocen la libertad que experimenta como mujer cuya identidad está segura en el Señor. De hecho, la libertad de Janelle, llevar ropa de segunda mano, conducir el mismo auto durante dos décadas, o vivir en un hogar que no es extravagante, libera a otras mujeres a su alrededor. Ella es verdaderamente un regalo.

Hombres, asegúrense de mantener sus ojos abiertos a la mujer cuya identidad no dependa de las apariencias externas. Créanme, serán bendecidos por ella.

NO DEMASIADO ORGULLOSA COMO PARA COMPRAR BIEN

Lo opuesto a Vanesa, una de las personas más humildes que conozco, es Lindsay Roberts. Cuando Lindsay estaba en la escuela de derecho, se casó con Richard Roberts, el hijo de Oral Roberts. Ya fuera debido a sus propios logro o a los de su esposo o suegro, Lindsay hubiera podido convertirse muy fácilmente en una Vanesa Vanidosa. Sin embargo, Lindsay siempre ha sido una mujer piadosa, no preocupada por las opiniones de otros acerca de ella. Admite que compra en una tienda antigua, ¡algo que Vanesa Vanidosa nunca haría! Durante algunos de los momentos difíciles que Lindsay ha sufrido, Vanesa Vanidosa hubiera salido corriendo, preocupada por su imagen. Pero Lindsay nunca se ha dejado llevar por las opiniones que otros han tenido de ella.

¿ALTO, PAUSA O AVANCE?

Desgraciadamente, ninguna Vanesa Vanidosa telegrafiará su identidad llevando una sudadera marcada con un monograma que diga "V. V.". En lugar de ello, tendrás que prestar atención a pistas más sutiles acerca de la fachada que Vanesa le presenta al mundo.

BANDERA ROJA

- Da a otros la apariencia de ser más de lo que es.
- Gasta más de lo que tiene para impresionar a otros.
- Se compara constantemente con otros.

BANDERA AMARILLA

- Hace alusión a personas para que sepas que está bien conectada.
- No puede distinguir lo que quiere y lo que necesita.
- Esconde, o encubre, aquello que (en su mente) no impresiona.

BANDERA VERDE

- No se toma demasiado en serio.
- Su sentimiento de identidad está firmemente arraigado en el Señor en vez de en las apariencias externas.
- ¡Puede llevar productos que no sean de marca!

Su marido es conocido en las puertas,
cuando se sienta con los ancianos de la tierra.

—

Proverbios 31:23

6

ESPANTA A CRÍTICA CRISTELA

Tomando una taza de café al lado de mi portátil, no podía creer lo que estaba leyendo en Facebook. Eran cosas de drama de escuela.

Junto a una foto de un césped descuidado, Cristela había puesto: "Mira este lío. Él tenía un viaje de 'negocios' a Hawái de toda la semana. El fin de semana casi se ha terminado, y ¡averigua quién no ha cortado el césped!".

Desgraciadamente, era obvio para mí, y para otros cientos que habían leído la infantil acusación, que Cristela estaba hablando mal de su esposo en las redes sociales.

Sentí cómo se me retorcían las tripas de la tensión.

Cristela y su esposo habían estado renqueando así desde que les conocía. Pero Cristela no tenía problemas solo con su esposo. Los tenía con *todo el mundo*.

Hace unos tres años, una amiga me confió un doloroso encuentro con Cristela. Ella y Cristela se conocían desde que eran niñas. Y aunque Melissa había aprendido durante los años a no compartir sus asuntos más íntimos con Cristela, lo había aprendido por las malas. Con lágrimas, Melissa me contó que en el contexto de un mini grupo de mujeres, Cristela había contado que Melissa había tenido un aborto cuando estaba en el instituto.

Lo único que yo pude hacer fue apoyar a Melissa mientras lloraba. Sabía que había experimentado el perdón y la redención de su pasado, pero también reconocí que Cristela había violado la confianza de su amiga al revelar algo tan profundamente personal.

Desgraciadamente, había visto a Cristela comportarse así respecto a sus hijos. En vez de proteger sus corazones, les dejaba vulnerables y expuestos en público. En un partido de baloncesto de la escuela, Cristela gritó a su hijo en el banquillo: "¿Te ha dicho ella por qué te ha dejado?". El rostro del niño revelaba que estaba avergonzado.

También me impactó mucho el contenido del Facebook de Cristela cuando puso que su hija había tenido su periodo por primera vez y que eso probablemente explicaba por qué había estado de tan mal humor esos últimos meses. Curiosa, y preocupada por el corazón de su hija, recorrí la lista de amigos de Cristela para ver si su comentario terminaba en el muro de su hija. Imagino que no me sorprendí cuando descubrí que no eran amigas en Facebook. Ser "amiga" de Cristela, en la vida o en la cíber vida, era algo arriesgado.

Mientras volvía a mirar la foto de Cristela y el césped sin cortar de Chuck, me acordé de un encuentro que tuvimos en su casa. Nos había invitado a cenar a las siete. El vuelo de Chuck se había programado que aterrizara a las seis pero llevaba retraso. Todos estábamos disfrutando de unos entrantes en el salón cuando entró disparado por la puerta. Tras dejar su maletín y su maleta en el vestíbulo, se apresuró a saludarnos disculpándose.

"No irás a dejar ese lío ahí, ¿verdad?", demandó Cristela.

"Solo quería saludar a Don y Mary", explicó. Su tono sonó más como el de un niño al que acaban de regañar que el de un hombre.

Como podrías esperar, te hace sentir muy mal.

Mientras salía de la habitación para quitar las cosas de su viaje, Cristela continuó: "¡Se comporta como si viviera en un establo! Lo juro, me encuentro cosas tiradas por dondequiera que va. Algunos días pienso que mi vida sería más fácil si se quedara en uno de esos viajes en lugar de regresar a casa".

Yo apreté mis labios para no decir lo que estaba pensando: *Apuesto a que Chuck ha pensado lo mismo.*

Cuando Chuck regresó, Cristela se quejó de que la comida se estaba enfriando, lo cual me extrañó porque la sopa que había preparado estaba aún calentándose en la cocina, y refunfuñaba mientras la ponía en la mesa.

Me gustaría poder decir que nuestra conversación durante la comida fue mejor que la forma en que había comenzado la visita, pero eso sería mentir. Cristela arremetió contra su pastor porque no estaba de acuerdo con su sermón del domingo. Criticó a la madre de Chuck. Se quejó con Don por el trato a los pacientes de su doctor. Básicamente, "removió toda la olla". (Y no estoy hablando de la deliciosa olla de sopa).

Cuando Don y yo nos íbamos a casa, vi una imagen de Chuck en mi mente. En mi imaginación vi su rostro y su cuerpo cubierto de heridas. No sé cómo lo hace, pero sospecho que intenta sacar lo mejor de una situación difícil por sus hijos.

CRÍTICA CRISTELA

¿Alguna vez has conocido a alguien como esta hipercrítica Cristela? ¿Alguna vez has deseado no haberla conocido?

Cristela provoca riñas y problemas dondequiera que vaya. Trágicamente, se siente infeliz si todos los demás están felices, y solo parece realmente estar contenta cuando consigue que todos los demás también se sientan infelices. Algo en todo esto parece tranquilizarle. Pero aunque funciona para ella, los que están a su alrededor se quedan heridos y maltrechos.

Cristela es una adicta a la adrenalina. Aunque probablemente sea más seguro y saludable para todos que ella comience a tirarse por los puentes, a ella le vigoriza el conflicto interpersonal. Y como no puede mantener buenas amistades durante mucho tiempo, causa conflicto dondequiera que pueda: con desconocidos que conducen en el tráfico, en la oficina de enfrente del instituto de su hija, en la fila del supermercado. Como se ofende fácilmente, Cristela parece vérselas con la gente dondequiera que vaya.

Crítica Cristela se ve como una víctima de otros. Su actitud general dice: *Si no fuera por la mala suerte, no pasaría nada.* Como diría Don, ella tiene un filtro mental negativo hacia la vida. Es casi como si llevara unos lentes que opacan todo lo que ve. Incapaz de reconocer lo bueno en otros, ella se enfoca solo en lo malo. ¿Y cuando lo bueno sale a su encuentro? Esos lentes opacos se ponen completamente oscuros. Cristela puede encontrar algo malo incluso en las bendiciones más generosas que recibe.

Cristela parece no ser consciente de que la familia se protege entre sí. Así como un esposo cubre, o protege, a su esposa, así también la esposa está hecha para proteger a su esposo y sus hijos. Sin embargo, la conducta de Cristela deja a sus seres queridos sintiéndose vulnerables y expuestos.

Como probablemente ya hayas visto, Cristela no es la persona en quien confiar como confidente. Hará uso de la información más personal como un arma para crear conflicto. Se quejará con sus amigas de lo que ocurre entre ella y su esposo en el dormitorio. Se quejará con tu familia de asuntos personales de ustedes. Compartirá detalles sobre la vida de sus hijos, los cuales ellos preferirían mantener en privado, con amigos y conocidos.

¿Te imaginas un día ser el padre de hijos que no confían en su madre? Es absolutamente desalentador.

NO LA DESESTIMES DEMASIADO RÁPIDO

Quizá mientras leías acerca de esta pesadilla te preguntabas: *¿Quién escogería jamás una persona así con quien casarse? ¡Yo al menos no!*

Novedades: nadie piensa jamás que ha escogido a la persona errónea.

Si eres un tipo un tanto tímido o introvertido, podría atraerte de forma natural alguien como Cristela. Al principio quizá admires su capacidad de vocalizar sus pensamientos. Te gusta la forma en que se defiende a sí misma. Como nunca le falta algo que decir, puede que incluso parezca que hace que tu vida sea un poco más cómoda. Y a la vez, como tantos de los tipos acerca de los que te quiero advertir, eso que te atrae tiene un lado negativo que desesperadamente quiero que veas.

Aunque la naturaleza vocal de Cristela podría parecer fresca o intrigante durante el noviazgo, imagínate cómo podría expresarse dentro de quince o veinte años. Al pensar en edificar tu familia, intenta extrapolar en el futuro cómo la conducta de Crítica Cristela te impactará a ti y a los que amas. Además de ser un aguijón en *tu* carne, Cristela nunca se ganará la confianza que le permitirá nutrir los corazones de tus hijos. Aunque parece raro considerarlo en este punto, confía en mí cuando te digo que evitar a Crítica Cristela ahora es ¡proteger a los niños que no han nacido aún!

Cuando no haya riña, Cristela la creará. Ella será crítica con tus amigos. Se quejará de tus padres. Será una cuña entre tú y tus hermanas. Criticará la forma en que haces tu trabajo y las formas en que siente que no haces tu trabajo. Se quejará cuando estés lejos, y cuando regreses encontrará otra persona a la que machacar.

Como cualquiera, espera que Cristela muestre su mejor conducta si estás saliendo con ella. (Seamos honestos aquí: es lo que todos hacemos). Te animo a prestar atención a tu impulso. Cuando ella salta sobre ti por llegar cinco minutos tarde o se queja de la forma en que mantienes tu auto, ¿observas alguna señal de aviso, una tensión o pulso ansioso dentro, de que no todo va bien? Si Cristela no tiene muchas amigas, ¿estás dispuesta a confrontar las razones de eso?

Dentro de cinco, o diez, o veinte años no es el momento para abrir tus ojos a la verdad y ser honesto contigo mismo sobre esta mujer. Es *ahora*.

ELLA EDIFICA A SU MARIDO

Mientras que Crítica Cristela lanza palabras que destruyen, la buena esposa ofrece palabras que dan vida, especialmente las palabras que le dice a su esposo y acerca de su esposo. La buena esposa usa sus palabras para animar y edificar a su novio. Entre los que dan respeto y honor a su marido, ella es la primera. El rey Salomón dijo de la fiel y buena esposa: "Su marido es conocido en las puertas, cuando se sienta con los ancianos de la tierra" (Proverbios 31:23).

Caballeros, ¡esta es la chica con la que deben casarse!

Contrasta la forma en que la buena esposa honra y respeta a su esposo con la manera en que Crítica Cristela destruye al suyo. A lo largo de Proverbios, Salomón advierte de la lengua malvada y exalta al que habla con sabiduría y gracia. Proverbios 4:24, la instrucción de un padre a su hijo, nos advierte: "Aparta de ti la perversidad de la boca, y aleja de ti la iniquidad de los labios". Salomón sabía que las palabras son importantes. Evitando un lenguaje malévolo, protegemos a los que nos rodean.

Salomón también recomendó el lenguaje que está lleno de gracia. En Proverbios 22:11, aconsejó: "El que ama la limpieza de corazón, por la gracia de sus labios tendrá la amistad del rey". A lo largo de todo el Antiguo Testamento y el Nuevo Testamento hay una íntima conexión entre el corazón puro y bueno y lo que sale de los labios. La buena mujer tiene un corazón puro que pronuncia palabras de gracia para edificar y no para derribar.

Al pensar en la mujer con la que te gustaría casarte, ¿ves que es una mujer que te respetará, así como tú la respetas a ella? ¿Da ella evidencia de ese respeto en su manera de hablar?

El tipo de mujer con la que deberías buscar casarte es el tipo de mujer de quien la gente dice: "Nunca la he oído decir ni una palabra mala de nadie". La buena mujer que anima a otros con su forma de hablar, la que lleva lentes que reconocen lo bueno en los demás, la que habla con sabiduría, es la que te dará a ti el mismo respeto con sus palabras y sus acciones.

LA HERMANA QUE SE MORDIÓ LA LENGUA

Crítica Cristela crea disputas no solo con su esposo, sino también en todas sus relaciones. Si hay una mujer en la Biblia que deberíamos esperar que se comportara como Crítica Cristela, provocando disensión, causando disputas, sería Raquel.

Como leímos antes, Raquel y Jacob se vieron en el pozo, ella era pastora, cuidando sus ovejas, y él estaba de viaje, fue amor a primera vista. Cuando Jacob conoció al padre de Raquel, Labán, sugirió un trato: "Yo te serviré siete años por Raquel tu hija menor" (Génesis 29:18).

Siete años este hombre trabajó por el privilegio de casarse con el amor de su vida. Pero como leemos, la noche de bodas, Labán se la jugó a Jacob, dándole a su hija *mayor*, Lea. Aunque esto podría haberle salido bien a Labán, que consiguió que Jacob trabajase otros siete años para él, es difícil imaginarse que Jacob, Raquel o Lea pudieran haberse emocionado mucho con el doloroso arreglo. Jacob y Raquel se casaron, siete años después, y los tres siguieron siendo familia durante el resto de sus vidas.

Si alguien se podría haber beneficiado de hablar mal de otro pareciera haber sido Raquel. Ella podría haber despedazado a Lea con sus palabras como Crítica Cristela lo hace con su marido, desmoronándolo. Pero Raquel se mordió la lengua. Esperó durante catorce años para casarse con Jacob, y después esperó muchos años más, mientras Lea tenía un hijo tras otro, para poder tener hijos.

Sí, Raquel podía haber hablado mal de su hermana Lea (apodada "la competición"), y ella también habría tenido amplias oportunidades de hablar mal de Jacob. Pero incluso en las circunstancias más difíciles, Raquel continuó honrando a ambos.

NUNCA UNA MALA PALABRA

Una vez oí a mi amiga Crítica Cristela importunar a otra mujer que se estaba mordiendo la lengua mientras varias mujeres a su alrededor criticaban.

"¡Tú nunca dices nada malo de nadie!". Aunque algunas mujeres quizá decían las palabras con amabilidad, como un halago, en la afilada lengua de Cristela sonaban más a una acusación.

Chicos, mantengan sus oídos abiertos para la mujer que podría ser acusada de lo mismo.

He conocido a Margie hace unos quince años. Es terapeuta familiar y matrimonial, y también guía a otros como directora espiritual. La razón por la que estas cosas encajan de forma natural y perfecta con Margie es que la gente *confía* en ella. Aunque por supuesto yo no he tenido el privilegio de tener estas relaciones privilegiadas, he visto la forma en que nuestros amigos pueden compartir sus difíciles historias con Margie, y me he dado cuenta de la forma en que ella les entrega la confianza como tesoros que no le pertenecen a ella. Tengo todas las razones para creer que ella manejará mi historia privada con la misma delicadeza. Ni una sola vez he oído a Margie decir una palabra inapropiada acerca de nadie. Ella verdaderamente ve lo mejor en cada persona. Es casi como si Dios le hubiera dado el mismo tipo de poder de visión de rayos X que Él usa para ver a la persona que Él hizo que fuera cada persona. ¡Así es como ve Margie!

Chicos, escuchen las palabras que una mujer dice de otros, y observen si es generosa o hipercrítica y si puede proteger a la gente con sus palabras en vez de exponerlas.

MARÍA "LA CAJA FUERTE"

Como pastor en Christ Tabernacle, la primera iglesia que salió de Brooklyn Tabernacle, Maria Durso, como muchas otras esposas de pastores, ha tenido acceso a mucha información. Sin embargo, nunca he oído a María exponer las heridas o dolores de los demás. Ella no solo protege los secretos de los demás, sino que María nunca juzga a nadie. María sabe reconocer lo valioso, bueno y precioso en los demás.

Sin estar ajena ella misma al dolor, María tiene un corazón tierno y sensible hacia los que experimentan dificultades. Ella es un apoyo increíble para su esposo y una bendición para sus hijos. Chicos, observen cómo la mujer con la que están considerando casarse habla de otros. ¿Protege ella con sus palabras, o como Crítica Cristela las usa para desanimar y destruir?

¿ALTO, PAUSA O AVANCE?

Con su forma de hablar, Crítica Cristela ensucia a otros. Como las palabras tienen el poder para derribar y el poder para levantar, emplea un oído atento para observar qué tipo de mujer es aquella que tú amas cuando se trata de hablar a otros y hablar de otros.

BANDERA ROJA 🚩

- Ella avergüenza públicamente a los que son más cercanos.
- Revela secretos que le han confiado.
- Es hipercrítica con otros.

BANDERA AMARILLA 🏴

- Remueve la olla para meter a otros en disputas.
- Se ofende rápidamente.
- Ve el mundo con un filtro mental negativo.

BANDERA VERDE 🏴

- Ella protege a la gente emocionalmente.
- Tiene un círculo de amigos que confían en ella.
- No habla mal de nadie.

Considera los caminos de su casa,
y no come el pan de balde.

—

Proverbios 31:27

7

EVITA A ADICTA ADELA

Alguien había puesto la máquina de karaoke en la fiesta de Navidad de nuestro vecindario y mi vecina Adela, que estaba, digamos "bien lubricada", estaba cantando a todo pulmón una canción de congoja. Brillando con un vestido corto de fiesta negro, farfullando algunas de las letras, seguía canturreando una de esas canciones de "alguien ha hecho algo malo".

Por un lado, cualquier juerguista bebido habría cantado a pleno pulmón el mismo estribillo. Pero algo acerca de las palabras que Adela había escogido cantar sonaba como si fueran acertadas y salieran de lo más hondo de ella.

Conozco a Adela desde hace unos dieciocho años. Estaba en casa con los niños y trabajaba como voluntaria en una biblioteca local. El año anterior había pasado varios meses de verano en un centro de recuperación, pero ahora estaba claro que había vuelto a beber.

Nuestras vidas se habían solapado durante una época cuando unimos fuerzas para llevar a nuestros hijos a la escuela y las actividades deportivas. Es divertido: en mis recuerdos de sacar bates y pelotas de su maletero, siempre había unas cuatro o cinco bolsas nuevas de compra, de Macy's, Nordstrom, Saks, llenas de abundantes compras.

También pasamos tiempo sentadas juntas en las gradas descubiertas, donde yo veía el partido y ella despotricaba de una cosa o de otra. Un típico ejemplo era su reacción ante una visita de sus amigas: Adela seguía hablando de lo terrible que eran. Su madre, acusaba ella, le llenaba el frigorífico de comida sin permiso. Su padre, sin autorización, le limpiaba el garaje. Y mientras yo me esforzaba por identificar qué había de malo en lo que ellos hacían, Adela echaba humo de furia hacia ellos.

Cuando algo salía mal en su matrimonio (siempre por culpa de su esposo, nunca de ella), Adela señalaba alguna omisión o comisión paternal de su infancia. De hecho, se convirtió en una especie de juego extraño para mí: independientemente de qué levantara su ira durante el día, yo sabía que siempre culparía a otra persona. Como un tercio de las veces era su madre. Un tercio de las veces era su esposo y el otro tercio se repartía entre el resto del planeta.

Aunque siempre había entendido, intelectualmente, que la gente que siente un vacío en su vida se verá tentada a llenarlo con otras cosas, nunca lo había visto en la práctica como lo vi con mi vecina. A las cinco en punto todas las tardes tenía un cóctel en su mano. Llenaba sus armarios con montones de ropa, algunas nunca se las ponía. Llenaba su boca con la comida más deliciosa, y el día siguiente casi se mataba intentando quemar las calorías.

Como mamá, era duro ver la forma en que las heridas sin sanar de Adela influenciaron a sus hijos. Sí, habían perdido a su mamá el verano pasado durante su tiempo de rehabilitación. Pero más que eso, yo sabía que ella estaba emocionalmente ausente todas las tardes. Ellos necesitaban que ella los viera, pero Adela realmente solo tenía ojos para Adela.

Pude reconocer que Adela había sufrido algunos retos importantes durante su infancia. Sus padres habían permanecido casados, pero tenía una relación muy volátil. Ambos abusaron de Adela cuando era pequeña. Durante los años había visto a otras mujeres con historias similares que encontraron sanidad y libertad cuando se encontraron con el amor radical y transformador de Cristo. No Adela. Aunque ella asistía a la iglesia, aún no había sido libre de todo lo que le ataba.

A medida que la desafinada balada de congoja de Adela aumentaba, su marido amablemente la bajó del escenario. "Vamos, Adela. Es la hora de ir a casa", le persuadía él con un tono tranquilo. No era la primera vez que él tenía que acompañarla para que se fuera a dormir tranquila.

"¡Pero alguien me ha ofendido!", insistía Adela.

Su esposo la arrullaba, diciendo: "Lo sé, lo sé".

ADICTA ADELA

Si alguna vez has conocido a alguien como Adela, sabrás que emplea mucho tiempo mirando en el espejo retrovisor de la vida. Para cualquiera que esté dispuesto a escuchar, Adela volverá a hablar de las pérdidas que ha sufrido durante toda su vida. La palabra que mejor podría describir a Adicta Adela es *atascada*. *Atascada* significa que no es capaz de recuperarse del pasado y seguir adelante para experimentar significado y realización en el presente. Tristemente, su presente, y por lo tanto el presente de su esposo, hijos y otros seres queridos, queda plagado de decepciones y heridas del pasado.

Aunque Adicta Adela puede tener periodos de sobriedad, especialmente durante el noviazgo, nunca ha experimentado la verdadera libertad de su adicción. No ha soportado épocas difíciles manteniéndose sobria. No ha desarrollado prácticas que la hagan anclarse en su nueva identidad. No ha invitado a otros al camino de la recuperación. No ha acompañado a otros en sus viajes hacia la integridad.

El patrón más predecible en la vida de Adela ese que, reacia al dolor, se llena de cualquier cosa que prometa aliviar el profundo dolor interno. A veces usa el alcohol. Otras veces acude a la comida. Puede abusar de los medicamentos. Quizá compra hasta que no puede más. (O al menos hasta donde le permita su crédito). Puede que acuda a hombres fuera de su matrimonio en un intento de llenar el vacío.

Aunque muchas personas han sufrido los mismos desafíos que Adela, crecer en hogares con adicción, violencia y caos, no todos se han quedado atascados como Adela. En vez de eso, las personas que encuentran libertad son las que han experimentado el profundo amor de Jesús, y han sido transformadas y liberadas por ese amor. No hay nada por repetición o falsamente religioso en estas personas. Si encuentras una mujer que haya sido saturada por el gran amor redentor de Cristo por ella y por el mundo, ¡no la sueltes!

NO SIEMPRE PUEDES RECONOCER A UNA ADICTA POR LAS CICATRICES DE SU BRAZO

Quiero ser muy clara respecto al tipo de mujer que estoy describiendo en Adicta Adela. No estoy detallando a una mujer que ha tenido momentos de mal juicio. No estoy hablando de una mujer con unos cuantos errores en su pasado. Estoy describiendo a una persona que ha repetido y repetido y repetido este patrón de conducta de autorelajación.

Son mujeres que han atravesado circunstancias muy difíciles pero han hecho el trabajo emocional y espiritual que tenían que hacer para convertirse en personas saludables y grandes esposas. Hay mujeres que verdaderamente han vencido sus adicciones y se mantendrán sobrias durante el resto de sus días. Quiero ser clara al decir que Dios tiene el poder para redimir las vidas más comprometidas.

La Adicta Adela de la que te quiero prevenir es de la que no ha sido capaz o no ha estado dispuesta a tratar verdaderamente con su pasado. En vez de aceptar el trabajo duro del dolor, el perdón y la sanidad, Adela ha almohadillado su dolor. Lo ha emparedado. Y ocultas del poder sanador de la luz y el aire, sus heridas más profundas han seguido infectándose en vez de sanar.

Resulta que sé que esta Adela en particular que he mencionado tuvo un periodo de sobriedad de dieciocho meses antes de su boda. Su novio sabía que había luchado con la adicción, pero supuso que como ya no bebía lo había superado. Pero "no beber" no es lo mismo que una transformación redentora.

Lo que quiero que oigas de mí son las palabras que quisiera compartir con mis nietos si me trajeran a casa una chica que estuviera aún en el proceso de redención: "Ten cuidado". Me gustaría que supieran que, al igual que caminar descalzo por un estacionamiento, tienen que ser mucho más cuidadosos para no hacerse daño.

También me gustaría decir: "Entiendo algunas de las razones por las que sientes atracción por Adela". Si luchas, o has luchado, con tus propias adicciones, Adela podría hacerte sentir mejor contigo mismo. O si eres un rescatador por naturaleza, quizá sientas el impulso de ayudar a Adela a recuperarse. No puedo enfatizar más lo importante que es, cuando pienses en la esposa que Dios te dará, que pongas atención a lo que está ocurriendo dentro de ti.

¿Recuerdas la historia de Sadrac, Mesac y Abed-nego? La Biblia dice que cuando estos tres muchachos que habían sido arrojados al horno de fuego salieron de las llamas, ni siquiera olían a humo. Así que cuando pienses en el retrato completo de una mujer, entiende que aunque tus ojos y tus oídos te den cierta información, ¡también lo hará tu nariz! ¿Reconoces el aire fragante del Espíritu Santo? ¿O el olor de humo rancio, tabaco, pipa, anfetaminas, continúa pegado a la vida de esta mujer?

Chicos, su misión es encontrar una ayuda, no una compañera a la que ayudar. Si eres serio como para considerar casarte, practica la diligencia debida no solo manteniéndote alerta a las señales que Adela te pueda estar enviando, sino también sabiendo que es juego limpio preguntar a los que están más cerca de Adela que te digan la verdad respecto a cómo vive ella su vida.

ELLA EVITA EL PAN QUE NO SATISFACE

Aunque Salomón no mencionó la adicción a la comida, la dependencia del alcohol o tomar pastillas, describió a la buena esposa como alguien que cuida de los que le rodean. Dijo: "Considera los caminos de su casa, y no come el pan de balde" (Proverbios 31:27).

Como Adicta Adela está totalmente consumida de sí misma, sus heridas, su permanente efecto, y cómo puede aliviarlas diariamente, no puede vivir en el presente con la gente que Dios le ha dado para amar y servir, como su esposo y sus hijos. Cuando su energía y sus recursos se invierten en mantener el dolor a raya, en lugar de vivir una fructífera vida de amor, ella es en efecto perezosa. Cuando ella adormece sus sentimientos, también adormece su capacidad de hacer lo que Dios le ha llamado a hacer. Los ojos que Dios hizo para cuidar los asuntos de su casa, sus relaciones, su carrera, están enfocados solamente en ella.

En vez de salirse del juego, Salomón enseñó que la buena esposa está atenta a los que le rodean. Como tiene su tanque lleno, al haber experimentado el amor redentor de Dios por sí misma, puede cuidar de otros y ser fructífera y productiva.

LA CONVERSACIÓN MÁS IMPROBABLE

Una de las mujeres más intrigantes de las Escrituras es una que Jesús conoció junto a un pozo. Su historia se narra en el cuarto capítulo del Evangelio de Juan. Todo en esta historia es extraño:

- Ella era una mujer, lo que normalmente significaba que no podía estar hablando con un rabí.
- Era samaritana, una raza que menospreciaba a los judíos y por lo general eran menospreciados a cambio.
- Era una pecadora de mala fama.

Los discípulos de Jesús habían ido al supermercado a conseguir algo para comer cuando Él se enredó en esta inverosímil conversación. Ella estaba claramente sorprendida de que Él incluso la reconociera. Pero cuando lo hizo, la conversación pasó rápidamente de jugar con el agua superficial del pozo a sumergirse en las aguas más profundas del corazón de esta mujer.

Cuando Jesús le pidió de beber, la mujer le recordó a Jesús que era extraño tan solo el hecho de que Él estuviera hablando con ella.

En una bonita conversación poética, que casi nadie hubiera entendido, Jesús anunció: "Si conocieras el don de Dios, y quién es el que te dice: Dame de beber; tú le pedirías, y él te daría agua viva" (Juan 4:10)

La mujer samaritana naturalmente pensó que estaba hablando sobre el agua física, por eso ella dijo: "¡De acuerdo! ¡Dime dónde encontrarla!". A medida que se iba desplegando más su encuentro, ella comenzó a reconocer a Jesús como el que cambiaría el mundo.

Aunque no se nos da el privilegio de saber cómo se desarrolló la vida de la mujer, podemos confiar en la afirmación de Jesús: "Cualquiera que bebiere de esta agua, volverá a tener sed; mas el que bebiere del agua que yo le daré, no tendrá sed jamás; sino que el agua que yo le daré será en él una fuente de agua que salte para vida eterna" (Juan 4:13-14). Esta mujer había sido apartada por su comunidad y, sin embargo, Jesús la estaba recibiendo. Cuando lo fue, ese profundo agujero en su corazón, el hueco del pozo que simplemente no podían llenar una serie de hombres, finalmente estaba rebosando. Eso es a lo que se refería Jesús cuando prometió que cualquiera que bebiera agua viva nunca más volvería a tener sed. Sé bien que si pudiéramos ver a esta mujer después de su encuentro con Jesús, no solo ya no estaría con los hombres que la usaban y abusaban, sino que tampoco habría reemplazado a los hombres por cualquier otra cosa para aliviar sus profundas heridas. Ella estaría sanada, desde su interior, con el agua viva que verdaderamente satisface.

ELLA PODRÍA HABER SIDO UNA ADELA

Adicta Adela cree que "alguien le hizo algo malo", y busca amor y consuelo en los sitios equivocados. Sí, básicamente, ella es una canción de música country que salió mal.

Si pudieras ver los primeros veintiún años de la vida de mi amiga Jessica, la trayectoria sugeriría que tenía todas las probabilidades de ser muy parecida a Adela. El padre de Jessica abandonó a su familia cuando ella tenía seis años, y su madre tenía dos trabajos para cuidar de Jessica y de sus dos hermanas. De adolescente, Jessica tuvo un gravísimo accidente de auto, y mientras se recuperaba en el hospital, su madre murió repentinamente de un aneurisma cerebral. Aunque una tía vino a vivir con ellas, a los dieciséis años Jessica básicamente comenzó a criar a sus dos hermanas menores. En ese tiempo Jessica tenía un novio que le había estado ofreciendo drogas. Pero cuando ella vio que su vida se estaba poniendo patas arriba, dejó a su novio y se enfocó en cuidar de sus hermanas.

Si alguien tenía el derecho de cantar una canción de las de "alguien me hizo algo malo", esa era Jessica. Pero ella no solo no acudió al alcohol y las drogas, o la comida o el sexo buscando consuelo, sino que no empleó ni un solo momento en sentir pena de sí misma. En vez de eso, durante ese caótico tiempo de su vida, Jessica se aferró a las promesas de Dios que tan desesperadamente necesitaba. Hoy, cuarenta años después, Jessica es una empresaria de éxito y una madre felizmente casada de dos hijos y abuela de tres. Y permíteme decirte que es una verdadera bendición para su esposo Scott. Cuando la vida se pone difícil, lo cual a veces ocurre invariablemente, Jessica es una roca de fortaleza para Scott y para otros que sufren. Aunque podía de manera muy entendible haber tomado las decisiones que había tomado Adicta Adela, Jessica en su lugar ha acudido a beber del pozo de agua viva.

BEBER DEL POZO QUE VERDADERAMENTE SATISFACE

Una mujer que conozco, a quien llamaré Marla, está casada con un esposo de perfil alto, el director de un ministerio paraeclesial muy famoso. Ambos están en la década de los treinta años. La mayoría de la gente no puede ni empezar a imaginarse el tipo de demandas que hay sobre una pareja en este tipo de posición, por no mencionar la constante oleada de críticas que les llegan. Sería fácil de imaginar que alguien que esté bajo estas presiones pudiera acudir a falsos sustitutos del consuelo o satisfacerse a sí mismo. Muchos lo hacen. Pero Marla, que es muy consciente de estos estreses, ha navegado por algunas de estas presiones de formas maravillosamente creativas. Rehusando consolarse a sí misma con lo que no satisface, Marla hace ejercicio regularmente, dando largos paseos con sus amigas, para aliviar el estrés. También es parte de un mini grupo de otras mujeres que tienen desafíos similares que se reúnen y oran juntas una vez al mes. Momento a momento, día a día, ella rechaza constantemente las formas de sucedáneos, comida, alcohol, entretenimiento, compras, pastillas y otros, que no satisfacen. Marla es una mujer piadosa que acude a Dios para suplir las profundas necesidades de su corazón.

¿ALTO, PAUSA O AVANCE?

Aunque Adicta Adela no sea adicta a fumar drogas, tiene el hábito de buscar consuelo en lo que no satisface. Ya sea la comida, o pastillas, o licor o sexo, el agujero en su corazón no se llenará con sustitutos baratos.

BANDERA ROJA

- Ella usa las sustancias para encontrar consuelo.
- Cree que el mundo está contra ella.
- No puede estar presente con otros.

BANDERA AMARILLA

- Ella tiene heridas de la infancia que no está dispuesta a enfrentar.
- Culpa a otros de sus problemas.
- Cuenta una y otra vez las pérdidas de su vida.

BANDERA VERDE

- Ha lidiado valientemente con las heridas del pasado
- Ha experimentado en verdad el toque redentor del Señor.
- Rehúsa encontrar consuelo fuera de lo que el Señor ofrece.

Considera la heredad, y la compra,
y planta viña del fruto de sus manos.
—

Proverbios 31:16

8

ALÉJATE DE RAMONA GASTONA

Estaba en un vuelo acercándonos a Houston cuando las pantallas luminosas de los reposacabezas se volvieron borrosas. Algunas personas alzaron su vista. Algunos buscaron en sus bolsas un iPad u otro aparato que encender cuando de nuevo se volvió a poner en negro.

Con la voz más amigable, leal y "útil", el auxiliar de vuelo comenzó a describir lo que parecía más un maná del cielo: la tarjeta Patriot Airlines Rewards-Plus VIP. Esta tarjeta, nos dijo, nos daría descuentos en los billetes de la aerolínea y en el alquiler de vehículos, y de algún modo incluso de forma mágica pondría gasolina en los tanques de esos alquileres. Verdaderamente, lo describía de una forma que parecía que cuando gastábamos diez dólares ellos nos daban veinte a cambio.

Al menos eso es lo que la joven que estaba sentada junto a mí escuchó.

Ramona, con quien había charlado durante el vuelo, comentó: "Eso suena bien, ¿verdad? ¡Es como si te *pagasen* para comprar!".

"Bueno", comencé a decir, "no es que…".

"¡Yo lo quiero!", interrumpió Ramona. "Ese pase anual para el mejor amigo significa que cuando me case el próximo otoño ¡tendremos una luna de miel gratis en el Caribe!".

"Bueno, no es exactamente un viaje 'gratis'", comencé a decir de nuevo antes de que me volviera a interrumpir.

"Y como conseguiré el pase cada año, ¡podríamos celebrar cada aniversario en la misma isla!".

Ramona ahora estaba en racha.

"¿Tú vas a pedir una?", preguntó ella, como si estuvieran repartiendo pequeñas bolsitas gratuitas de cacahuates.

Le expliqué a Ramona que no me vendía por una tarjeta de crédito. Lo que *quería* decir era que ella tampoco debería. Imagino que Ramona tendría unos veintiuno o veintidós años.

"¿Has tenido antes alguna otra tarjeta de crédito?", inquirí yo.

"¡Muchas!", confirmó ella de forma orgullosa, sacando una cartera amarilla de piel de su bolso para enseñarme un montón de ellas. "Una chica tiene que comprar. ¿Tengo razón? Me apasionan los zapatos".

"Caramba". Me aguanté un suspiro y pregunté: "¿Y puedes pagarlas todas?".

"Bueno", explicó ella, "no la cantidad *total*. Pero la mayoría de los meses puedo pagar *algo*. Trabajo a media jornada en un hotel. Y después de graduarme de la escuela, conseguir un trabajo y casarme, me van a dar algunas horas más".

El asistente de vuelo estaba ahora a unas tres filas de nosotros, entregando solicitudes para la tarjeta de crédito. Yo pensé que había visto tiritar un poco a Ramona. Aunque probablemente me debía haber mordido la lengua, pregunté: "¿A tu novio no le importan todas esas tarjetas y la deuda?".

"Nunca me ha preguntado. ¡Imagino que pronto se dará cuenta!", bromeó. "Estoy deseando aterrizar para contarle lo de los pases para el mejor amigo".

La palabra *deuda* parecía no tener un significado distinto para Ramona a si se lo hubiera dicho en chino mandarín. Parecía verdaderamente inconsciente. Comencé a pensar en su pobre novio. Si viera a este tipo ignorante de todo esto en la cinta de equipaje, sabía que estaría tentada a tomarle aparte y darle un serio aviso. Probablemente fue mejor para Ramona que solo tuviera mi equipaje de mano.

"¿Y a qué se dedica tu novio?", pregunté yo.

"Bueno", comenzó Ramona, "ahora mismo lleva los palos en un campo de golf, pero después de la graduación quiere encontrar un trabajo como maestro de historia. Y sé que hay muchos distritos escolares que están desesperados por conseguir maestros. Así que no creo que le cueste demasiado".

El auxiliar de vuelo se cruzó por delante de mí para darle una solicitud de tarjeta a Ramona. Ella ya había sacado un sofisticado bolígrafo Gucci grabado de su bolso. (¿Quién sabía que hacían bolígrafos?).

La mamá en mí quería proteger a Ramona de ella misma. "Ramona, ¿estás segura de que es una buena idea?", pregunté amablemente.

"Sí, ¡es una gran idea!", sonrió ella. "Oíste bien lo que dijo, ¿verdad? Esto es *maravilloso*".

Decidí dejarlo ahí.

DESGRACIADAMENTE, ARRUINARSE NO ES UNA BROMA

No es solo que Ramona esté arruinada. Arruinarse puede tener su propia dignidad inherente. Cuando la gente lucha financieramente y decide no acumular deuda para antojos y caprichos, "arruinarse" tiene una dolorosa parte de integridad.

Ramona Gastona, sin embargo, ha saturado sus tarjetas de crédito. Tiene sesenta pares de zapatos. En vez de encontrar nuevos hogares para ellos, bromea diciendo que se tendrá que comprar otro armario. Como el sueño de cualquier vendedor, Ramona está constantemente en las tiendas, en T.J. Maxx, en Marshalls, buscando algo nuevo que comprar. (Y cuando algunas de estas cosas nuevas llegan a casa, algunas nunca llegan a salir de su abarrotado armario).

Para Ramona, gastar dinero se ha convertido en un hábito. Le da energía. Y tristemente, ha perdido toda perspectiva acerca de la diferencia entre "querer" y "necesitar". Si le invitan a ir a bailar, se convence a sí misma de que necesita unas botas de vaquero de seiscientos dólares de Barneys. O un gorro de vaquera de edición limitada, hecho a mano, que cuesta 250 dólares. Ha perdido toda probabilidad de reconocer que no todo lo que quiere es necesariamente una necesidad.

Ramona aún no ve la luz. No reconoce qué tienen de problemáticos sus hábitos.

DESCÚBRELO AHORA, NO DESPUÉS

Caballeros, si mantienen una relación con una mujer y no saben cuál es su situación económica, espero que se hayan empezado a interesar por ella. Si sienten la curiosidad suficiente como para iniciar esta conversación a veces delicada con la mujer de su vida, mi misión está cumplida.

A menos que la creas cuando te diga que la deuda de cuarenta y cinco mil dólares no es la gran cosa, y que todo el mundo tiene deuda, y te relajes, en ese caso mi trabajo no estará hecho entonces. Y el tuyo tampoco.

No puedo enfatizar mejor esto: actúa con precaución. Camina despacio. Si Ramona gasta su dinero, o su crédito, con tanta libertad, le resultará dos veces más fácil gastarlo cuando añadas tus ingresos a la hucha común. Si Ramona no puede cumplir lo que promete con sus deudas, ¿cómo podrá cumplir lo que promete contigo?

Como tantas otras áreas difíciles, el otro lado de gastar dinero alegremente podría ser una de las razones por las que te sentiste atraído hacia Ramona en un principio. ¿Conduce un buen auto? ¿Tiene electrodomésticos de lujo en su apartamento? ¿Se viste para impresionar? (Quizá no te impresionan las etiquetas de la ropa de marca, pero créeme si te digo que a otras mujeres sí).

Si hay alguien especial en tu vida ahora mismo, te animo a tener una conversación franca acerca del dinero. Y esta debe ser para ambos; si has acumulado una deuda excesiva, asegúrate de eliminarla tú también. ¿Cuántas tarjetas de crédito usan cada uno? ¿Las han saturado? ¿Qué otras deudas llevará cada uno de ustedes al matrimonio?

Además de los datos financieros, comienza a percibir algunas pistas de que Ramona podría estar en apuros. ¿Llama constantemente a papá pidiéndole dinero? ¿Necesita préstamos de hermanos? Si Ramona tiene un trabajo estable y continúa en el agujero, debes saber que tienes que investigar un poco más.

Hasta el momento, tu dinero ha sido tu dinero y el dinero de Ramona ha sido el dinero de Ramona. ¿Sabes qué? Cuando se casen, la deuda de Ramona se convierte en tu deuda. Y honestamente, la deuda actual quizá no sea lo peor de todo. Lo que podría ser una carga mayor para tu matrimonio son los hábitos que Ramona se ha permitido desarrollar. Si ella te asegura que "tendrá más cuidado", pero no has visto evidencia de ello, extrema tus precauciones.

Aunque nadie sabe nunca exactamente lo que está diciendo cuando promete que será fiel "en lo bueno y en lo malo", acumular deuda personal "empeorará" las cosas tarde o temprano. ¿Sabías que la presión económica en el matrimonio es la causa número uno de divorcio? Citado más veces que la infidelidad, el estrés financiero destruye matrimonios. Si te casas con Ramona Gastona te estás preparando para el fracaso.

LA MAYORDOMÍA RESPONSABLE DEL DINERO

Salomón no mencionó el negocio y la destreza económica de la buena esposa una sola vez. Ni dos. Ni siquiera tres veces. Se podría discutir que al menos la *mitad* de la descripción de Salomón de la buena esposa detalla una mujer que es económicamente sabia. (Debía de estar al tanto de las tristes estadísticas de divorcio). En caso de que no lo hayan entendido aún, caballeros, ¡la buena esposa es la anti-Ramona!

Observa en Proverbios 31 donde Salomón describe a una mujer que es financieramente responsable y diligente:

- "Busca lana y lino, y con voluntad trabaja con sus manos" (v. 13).
- "Se levanta aun de noche y da comida a su familia Y ración a sus criadas" (v. 15).
- "Considera la heredad, y la compra, y planta viña del fruto de sus manos" (v. 16).
- "Ciñe de fuerza sus lomos, y esfuerza sus brazos" (v. 17).

- "Ve que van bien sus negocios; su lámpara no se apaga de noche" (v.18).

- "Aplica su mano al huso, y sus manos a la rueca" (v. 19).

- "Hace telas, y vende, y da cintas al mercader" (v. 24).

- "Considera los caminos de su casa, y no come el pan de balde" (v. 27).

- "Dadle del fruto de sus manos, y alábenla en las puertas sus hechos" (v. 31).

Si Salomón hubiera descrito hoy día a la buena esposa, en el siglo XXI, quizá hubiera dicho:

Esta mujer aprovecha bien el tiempo. En vez de holgazanear en el spa haciéndose la manicura y pedicura, o comprando compulsivamente todas las semanas en Ross, invierte en una propiedad de alquiler que le aportará un ingreso adicional para su familia. Esta mujer es inteligente financieramente. ¿Facturas? ¿Papeleo? Sabe hacerlo todo. Su marido lo ve y otros también. Esta mujer no tiene desperdicio, chicos. Si la encuentran, no la dejen escapar.

EL MEJOR TRABAJO DEL MUNDO

En mi opinión, una de las profesiones más interesantes en la Biblia es la de Lidia. Esta mujer de Tiatira era "vendedora de púrpura [ropa]" (Hechos 16:14). Aunque los únicos vendedores de un color específico de nuestros días que yo conozca son los que se especializan en deportes universitarios y profesionales, estoy pensando en el azul brillante de los Orlando Magic's o el naranja vivo de Clemson University, en el primer siglo, negociar con la púrpura era una empresa legítima. De hecho, no solo Tiatira era conocida por la púrpura, sino que las aguas allí eran conocidas por ayudar en la producción de bonitos tejidos escarlata.

Lidia lo había conseguido. En una era anterior a que la deuda de tarjetas de crédito lo hiciera posible para muchos, ella poseía un hogar impresionante y daba empleo a varios siervos.

Pablo y otros encontraron a Lidia por primera vez junto al río donde estaba tintando la ropa junto a otras mujeres. (Lo cual suena mucho más divertido que tintar sola en casa en la lavadora). Lucas escribió que Lidia era una persona que adoraba a Dios, pero no era aún cristiana. Cuando recibió gozosamente el mensaje de gracia de Pablo, lo cual le llevó a bautizarse y después al bautismo de toda su casa, Lidia entregó su vida a Jesucristo. De hecho, hoy Lidia es conocida como la primera convertida europea al cristianismo.

Atisbamos que Lidia abrió su hogar para dar hospitalidad a los misioneros que Dios había enviado. Después, cuando Pablo y Silas fueron liberados de la cárcel, ella los recibió en su hogar también. No solo era ella una hábil empresaria, responsable con el dinero, sino que también estaba dispuesta a darse, a abrir su casa, para cuidar a otros.

En una palabra: no se trataba todo de Lidia.

El persistente testimonio de Lidia a través de los siglos no se trata solo de billetes y monedas. Más bien, recordamos a Lidia, que es muy probable que no pudiera sacar mucho tiempo para visitar el equivalente en su época de Target, como una mujer que trabajaba diligentemente con sus manos y era una bendición para otros.

TREINTA Y CINCO DÓLARES POR SEMANA

Solo conviví con Tracey durante un año, cuando trabajamos juntas después de la universidad. Nuestros escritorios estaban uno enfrente del otro, y no podía evitar oír las conversaciones de teléfono que tenía con su esposo y sus hijos. (La mayoría de los teléfonos tenían cables que los mantenían pegados a una pared en esos tiempos). Tracey y su esposo Daniel tenían tres hijos biológicos y estaban acogiendo a otros tres hermanos. Las edades de esta camada difícil de manejar oscilaba entre los dos y los dieciséis años. Como te puedes imaginar, se requería mucha comunicación entre los padres para manejar a ese grupo.

Un día, después de colgar el teléfono tras hablar con Daniel, charlamos sobre hacer la compra, y Tracey me dijo que ella alimentaba a su familia con treinta y cinco dólares por semana. Yo me quedé boquiabierta. Yo tenía cuidado con el dinero, ¡pero no estaba segura de poder estirar treinta y cinco dólares para alimentar a *dos* personas! Aunque no creo que hubiera espacio en el apretado presupuesto para mucha fruta y verdura fresca, Tracey de hecho alimentaba a su familia con centavos por comida.

Muchas personas mirarían a Tracey y la identificarían como alguien que estaba arruinada. Y técnicamente supongo que lo estaba. Pero, a diferencia de Ramona Gastona, Tracey vivía dentro de sus espantosamente limitados medios. Se podía haber sumergido en una deuda, como hacía Ramona, pero ella decidió no hacerlo.

Yo tenía, y aún tengo después de todos estos años, mucho respeto por una mujer que usó lo que tenía para cuidar de su familia.

Chicos, busquen una mujer como Tracey que sea sabia y responsable.

OTRA ADMINISTRADORA FIEL

Si la Lidia del Nuevo Testamento, la vendedora de ropa púrpura, estuviera viva hoy, estoy segura de que se parecería mucho a mi amiga Diana Hagee. Diana, cuyo esposo es el fundador de la iglesia Cornerstone y John Hagee Ministries, es una mujer muy, muy inteligente. Como polo opuesto de Ramona Gastona, Diana es muy detallista y buena con el dinero. ¿Recuerdas qué cantidad de la descripción de Salomón de la buena esposa describía a una mujer que sabía manejar el dinero? Esa es Diana, en cada aspecto. Presta atención a la forma en que el ministerio de su esposo está usando el dinero, y ella no es de forma alguna derrochadora. Aunque es una dadora generosa, no malgasta el dinero a la ligera. Y aunque podría ser muy vista si decidiera hacerlo, no destaca en absoluto. Diana, que es sabia en muchos niveles, es fiel en la mayordomía financiera.

¿ALTO, PAUSA O AVANCE?

Presta atención a las finanzas de la mujer con las que esperas casarte. No es necesario que tenga una gran cuenta bancaria, pero sí debe vivir de manera responsable dentro de sus posibilidades. Mantén tus ojos abiertos a los siguientes síntomas.

BANDERA ROJA

- Tiene más deuda de la que debería.
- Regularmente gasta más de lo que tiene.
- No usa todo lo que ha comprado.

BANDERA AMARILLA

- Gastar le da energía.
- La diferencia entre querer y necesitar no está clara para ella.
- Te asegura que cambiará sus hábitos de gastos cuando se case.

BANDERA VERDE

- No tiene deudas.
- Dirige bien sus finanzas.
- Puede dar a otros.

Mujer virtuosa, ¿quién la hallará?
Porque su estima sobrepasa largamente
a la de las piedras preciosas.

—

Proverbios 31:10

9

CUIDA TUS MODALES CON CASADA CASANDRA

En las telenovelas, una aventura con una mujer casada normalmente se pinta como algo escandaloso y vergonzoso. Todo el mundo sabe que está fuera de los límites permitidos, pero eso no parece detener el tonteo de la enrevesada pareja. Si Warner Bros. alguna vez estrenara un amorío ilícito entre animales animados que estuvieran legalmente casados con otras caricaturas de animales, no hay duda de que la mujer casada, que seguramente tomaría forma de una zorra, tendría orejas puntiagudas y la cola de un diablo al tontear con el hombre soltero que tomaría forma de cachorrito. Puede que ella hasta llevara un tridente.

Con todo esto quiero decir que seguramente reconoceríamos más fácilmente el engaño y la naturaleza malvada de las aventuras adúlteras en la ficción. Desgraciadamente, en la vida real, los amantes (aunque realmente me gustaría cuestionar la definición de *amor* en este caso) pueden engañarse a sí mismos mucho más fácilmente acerca de una aventura amorosa.

Cuando Casandra comenzó a acercarse furtivamente a un amigo de uno de mis hijos, ella no tenía orejas puntiagudas ni llevaba un tridente. No, el inicio de la relación de Casandra con un hombre al que llamaré Kevin fue mucho más inocente.

Kevin era un pastor de jóvenes que trabajaba con los hijos adolescentes de Casandra. Casandra visitaba a Kevin en su oficina en el sótano de la iglesia durante la semana bajo el pretexto de obtener consejo acerca de la crianza de sus hijos. (Pretendía recibir este consejo de un hombre soltero de veintiocho años y que no era padre. ¿Quién lo hubiera imaginado?) Al principio, las conversaciones trataban de los hijos de Casandra. Pero Kevin y Casandra disfrutaban de la compañía el uno del otro, y con el tiempo, las conversaciones se desviaron a otros temas.

Uno de esos temas (que debería haber sido tabú) fue el tema del matrimonio de Casandra. Su marido viajaba demasiado, se quejaba Casandra. Cuando estaba en casa no estaba *realmente* en casa; estaba ocupado con proyectos de su trabajo o viendo Facebook. Él no la llevaba por ahí a una cita. El cuadro que Casandra pintó para Kevin era el de un matrimonio realmente acabado.

Kevin parecía completamente inconsciente de lo que se estaba desatando en el perímetro de su oficina. Y si le diera a Casandra el beneficio de la duda, llegaría a la conclusión de que tal vez ninguna de las pésimas decisiones que estaba tomando eran malintencionadas. (Como he dicho antes, no tenía orejas de diablo). Se sentía sola, y había encontrado a alguien que le hacía sentir menos sola. Cuando su amistad comenzó, Kevin inocentemente se convenció a sí mismo de que "escuchar" era parte de su tarea pastoral. Pero cada semana, la intimidad entre Kevin y Casandra se hacía más fuerte.

Una tarde, Casandra entró a la oficina de Kevin aprisa y con lágrimas en sus ojos, y derramó lo que había en su corazón delante de Kevin. Había encontrado correos electrónicos, explicó, entre su marido y otra mujer. Ella no había hablado con él de ello. No había buscado a una amiga o una hermana. Casandra había recurrido directamente a Kevin.

Pareciera como si los correos electrónicos fueran el "permiso" que Casandra y Kevin necesitaban para estar juntos. Incluso se convencieron el uno al otro de que tal vez Dios realmente les había *entregado* el uno al otro. El matrimonio de Casandra había terminado. Kevin amaba a los hijos de ella. Tal vez Dios, razonaron, era el autor de esta relación que parecía *destinada* a suceder.

Así es como comenzó. Y al cabo de unos cuantos meses, Kevin y Casandra estaban saliendo secretamente. Sin poder ver con claridad, se convencieron a sí mismos de que el secretismo era un acto de protección y cuidado para los hijos de Casandra. Sería mejor para ellos, se aseguraban el uno al otro. (El hecho de que no revelaran su relación a nadie debería haber sido también una importante Bandera roja.) Casandra nunca habló con su marido acerca de los sospechosos correos electrónicos que había encontrado. Simplemente permitió que él se alejara más. Y tal vez incluso lo fomentó.

Para cuando mi hijo se enteró de la relación secreta de su amigo, Kevin estaba considerando proponer matrimonio. ¡A una mujer casada! Esta es tan sólo una pequeña prueba de lo engañados que estaban. Tanto Kevin como Casandra estaban absolutamente cegados por su pecado.

MANTENTE ALEJADO

Chicos, al contrario que con Trini Trofeo o Vanesa Vanidosa, con las que podría haber un poco más de área gris, lo que quiero decirte acerca de Casandra es realmente blanco y negro. No quiero decir simplemente que pienso que tontear con una mujer casada sería un asunto evidentemente blanco y negro moralmente. (Para que quede claro, sí que pienso así.) También sospecho que pensarás acerca de Casandra de una de dos formas posibles.

Puede que pienses acerca de Casandra de la forma en que pienso yo: salir o tontear con una persona casada siempre está fuera de los límites permitidos. No hay área gris, simplemente una señal roja de detención.

Pero tal vez no estás de acuerdo. Puede que pienses que hay algunas áreas grises en las que estaría permitido avanzar, aunque con cuidado. Si es así, voy a suponer que ya tienes un caballo en la carrera. Puede que, como Kevin, te hayas convencido a ti mismo de que, a diferencia de todos los demás amantes cuyas aventuras han causado desastre para ellos mismos y para las personas a las que ama, tú eres *diferente*. Tu amor es diferente. Tu relación es diferente. Ustedes serán los que rompan las estadísticas.

Respetuosamente discrepo.

No se puede discutir con los hechos. Si ya estás en una relación con una mujer casada, el hecho es que ella ha engañado a su marido, y no hay una buena razón por la que no te engañará a ti.

Oh, seguro que se te ocurrirán razones para argumentar que tus decisiones son sensatas. Muchas de ellas tienen que ver con el hecho de que su primer (¿segundo? ¿tercer?) marido sea un bribón. Y puede que realmente lo sea. Algunas de las razones tendrán que ver contigo: tú eres diferente. Tú le amas. Tú eres cristiano. (¡No entremos en esa!). Algunas pueden incluso tener que ver con ella: ella está convencida de que tú eres el *ideal*.

Chicos, si una mujer casada comienza a mandarles señales, corran (no caminen) a la salida más próxima. Muchas de estas relaciones comienzan muy inocentemente. Tal vez te fijes en Casandra, que no está satisfecha con la atención de su marido, en unan fiesta. Le encanta que todos los ojos estén sobre ella y puede que encuentre muchas formas de conseguir esa atención: vestido provocativo, habla fuertemente, karaoke desenfrenado. Una vez que Casandra ha llamado tu atención, te hará sentir muy especial, halagándote y haciéndote sentir que eres el centro de su mundo.

De la misma forma que se les enseñó a los jóvenes en la década de 1980 a responder a las drogas: Simplemente di que no.

ESTA CONVERSACIÓN NO DEBERÍA SER NECESARIA

En serio, hombres, esta conversación ni siquiera debería ser necesaria. No debería tener que decirles que no se involucren con una mujer que está casada. Y supongo que, en tus días buenos, lo sabes.

Pero la hora de la verdad llega cuando no es uno de tus mejores días. Tal vez te acaban de dejar plantado. Tal vez te sientes solo. Tal vez, si eres inseguro, te sentirás muy halagado por recibir atención de una mujer casada. Tal vez incluso si eres seguro de ti mismo, *aun así* te sientes muy halagado por recibir atención de una mujer casada.

Si hoy decides que no irás al altar con una mujer que estaba casada cuando la conociste, por favor ten en cuenta que eso no sucede por accidente. De la misma forma que sucederá con cualquier mujer con la que te cases, el camino hacia la boda estará lleno de decisiones que parecen bastante más pequeñas que el momento de sacar la caja de un anillo del bolsillo de tu chaqueta para proponer matrimonio.

Debes decidir hoy mismo que no tendrás una conversación más íntima de lo normal con una mujer casada. Si ella intenta decirte que su marido es un canalla, que está muy descontenta, que su matrimonio lleva años terminado, simplemente sugiere que tú no eres la persona con la que debe compartir esa información. Esta información es para pastores, consejeros, para hermanas, o para madres. No es para ti. No necesitan intercambiar miradas traviesas de complicidad. No necesitan estar solos en una habitación. Si el matrimonio de esta mujer *realmente* está en apuros, puedo estar segura al decirte: tú no eres la persona que Dios ha escogido para ayudarla.

Si escuchas esa voz mentirosa que te dice al oído que deberías escuchar, o que deberías amar, ¡debes saber que estás escuchando la voz del engañador! Esa no es la voz de Dios.

Preciosos hombres jóvenes, en muchos sentidos Casada Casandra puede ser la mujer más fácil con la que evitar enredarse. A pesar de que muy pocas cosas en este mundo son blancas y negras, esta realmente lo es. Una mujer casada *no* es la mujer para ti.

UNA ESPOSA DE CARÁCTER NOBLE

En sus sabias exhortaciones acerca del tipo de mujer con el que debes casarte, Salomón preguntó: "Mujer virtuosa, ¿quién la hallará? Porque su estima sobrepasa largamente a la de las piedras preciosas" (Proverbios 31:10).

Si lo piensas, es una yuxtaposición bastante extraña.

Por un lado, buscar una mujer de buen carácter parece algo fácil para un hombre en busca de una esposa. ¿Verdad que sí? Claro que quieres una mujer de integridad y carácter. Salomón no debía gastar su saliva o la tinta de su pluma para recordarnos que esta mujer constituye una buena esposa. No sé cual es la palabra en hebreo antiguo para *obviamente,* pero... *obviamente.*

Así que cuando Salomón dice que una mujer de Dios es más valiosa que las piedras preciosas, me pongo a pensar. Si este es un requerimiento que se da por hecho y que es moralmente obvio que debe tener nuestro compañero de por vida, ¿por qué valora el buen carácter por encima incluso de las piedras preciosas? Yo creo que es porque una mujer sin un buen carácter corroerá el matrimonio entero.

Escoger una esposa con cabello oscuro o claro será tu decisión. El hecho de que sea bajita o alta, con la piel clara u oscura, o que hable inglés o español, son todo asuntos de preferencia personal. Lo que no es negociable, sin embargo, es *el carácter*.

Al escoger la mujer con la que te vas a casar, debería ser evidente que no se escoge a alguien que ya está casada. Eso debería ser (aunque no siempre parece serlo) una regla básica en el matrimonio.

Yo quiero llevarte un poco más allá, sin embargo, a buscar una mujer de cuyo carácter se pueda decir que es noble. Eso es llevarlo al siguiente nivel, ¿no es así? La mujer de carácter noble no sólo no saldrá con otro cuando ya esté casada (¡ay!), sino que tampoco tonteará con tus amigos en la fiesta de Navidad del trabajo. No te va a hacer falta revisar "sin querer" sus mensajes de texto para saber qué tiene entre manos. Cuando has encontrado una mujer de carácter noble, has encontrado una mujer en la que puedes *confiar*.

MÁS ALLÁ DEL LLAMADO DEL DEBER

Una mujer en la Biblia que ha sido reconocida a través de los siglos y las culturas como una mujer de carácter noble es una que demostró fidelidad, integridad y sacrificio en su relación con la madre de su esposo. El contraste entre Casada Casandra y Rut es riguroso: Casandra, que busca su propia felicidad, no puede permanecer fiel a un marido que aún vive; Rut fue tan fiel a su marido y su familia que, a pesar del sacrificio que conllevó, se comprometió a mantenerse fiel y a velar por el bien de la madre de su marido fallecido, Noemí.

El contexto de la historia es que a pesar de que Noemí era israelita, durante una hambruna su familia había ido a vivir al país de Moab, al sur de Israel. Como una pareja canadiense que se muda a la Ciudad de México por razones de negocios, crían a sus hijos allí, y ven cómo se casan con mujeres mexicanas, los hijos de Noemí crecieron y se casaron con mujeres de Moab. A pesar de esto, cuando comienza la historia de Noemí en el libro de Rut, descubrimos que el marido de Noemí y sus dos hijos habían muerto. Sin la protección de los hombres, Noemí y sus nueras eran muy vulnerables en Moab. Debían encontrar un lugar seguro.

La esposa de uno de los hijos de Noemí, Orfa, hizo exactamente lo que uno esperaría. Regresó con su familia. Esto no era nada vergonzoso; era lo que cualquiera esperaría de una nuera viuda.

De la misma forma en que nadie esperaría que una joven viuda mexicana dejara su familia y sus raíces para emprender un viaje a Canadá con su suegra también viuda, era igualmente absurdo que Rut comprometiera su vida y su futuro a una suegra dolida de un país completamente extraño. Pero es exactamente lo que pasó. La fidelidad radical de Rut (cuando, al contrario que las acciones egoístas de Casada Casandra, perseguir su propia felicidad hubiera sido completamente aceptable) se refleja en las palabras que pronunció a Noemí.

Respondió Rut: No me ruegues que te deje, y me aparte de ti; porque a dondequiera que tú fueres, iré yo, y dondequiera que vivieres, viviré. Tu pueblo será mi pueblo, y tu Dios mi Dios. Donde tú murieres, moriré yo, y allí seré sepultada; así me haga Jehová, y aun me añada, que sólo la muerte hará separación entre nosotras dos.

(Rut 1:16-17)

Muchos que no están familiarizados con la Biblia, y que han oído este pasaje en una boda, se sorprenden al descubrir que estas palabras no fueron pronunciadas a un cónyuge. Fueron pronunciadas por Rut a una suegra que regresaba a una tierra extraña con un idioma extraño y una cultura extraña. Sacrificar su propia felicidad por el bien de la de su suegra (por no mencionar la posibilidad de reavivar una antigua llama con el chico que la había llevado al baile) es radicalmente diferente al tipo de mujer egoísta que vemos en Casandra.

Sucedió que Rut sí llamó la atención de uno de los parientes de Noemí en Israel, y se casaron y tuvieron hijos. Y sucedió aún más adelante, que Rut se convirtió en la tatarabuela de Salomón, que más adelante escribiría: "Mujer virtuosa, ¿quién la hallará? Porque su estima sobrepasa largamente a la de las piedras preciosas" (Proverbios 31:10).

Él sabía de lo que estaba hablando.

EL SUEÑO DE UNA SUEGRA

Chicos, no sólo deben evitar salir y casarse con una mujer casada, sino que también deben evitar casarse con una que se *convertirá* en Casada Casandra al serles infiel. El hecho de que mi hijo se casara con una mujer que nunca se convertirá en una Casada Casandra es uno de mis mayores gozos. Meredith es un absoluto encanto. Como todo sueño de una madre, está llena del conocimiento de las Escrituras. Y no sólo conocimiento intelectual; Meredith tiene un corazón para el Señor. Si hubiera que buscar un ejemplo de la anti-Casandra, ¡esa sería Meredith! Estoy completamente confiada de que su corazón, mente, y cuerpo están comprometidos con Kyle.

Una de las cosas que noté acerca de Meredith cuando ella y Kyle estaban saliendo era la forma en que hablaba acerca de su padre. Estaba loca por él. Esto no significa que no fuera consciente de sus fallos; lo era. Le veía de una forma realista y tenía un corazón lleno de gracia hacia él. Cuando me di cuenta de eso, pensé: *"Esta chica también estará llena de gracia hacia mi hijo"*. Años después, estoy encantada de decir que es verdad.

Pam Thum Marshall es otra mujer casada asombrosa que es una amiga mía cercana. Pam es una conocida líder de alabanza y compositora. No sólo es una persona preciosa externamente, sino que también es una mujer preciosa internamente. Ella es valiosa para su marido Stephen. Pam tenía una profesión exitosa como cantante antes de casarse con Stephen. Ella no permitió que eso la alejara de unir su profesión con la de él. En la actualidad, los dos tienen una profesión muy exitosa, no separados, sino juntos como si fueran uno.

Caballeros, al intentar evitar a Casada Casandra, no supongan que si han encontrado una mujer soltera, tienen pista libre. Les animo a ir más allá y buscar una mujer que *permanecerá* fiel a ustedes. Busquen una mujer de Dios que les honrará de la misma forma en que ustedes la honran a ella.

¿ALTO, PAUSA, O AVANCE?

Ya sabes que no debes involucrarte con una mujer casada. Obviamente. Pero quiero que seas consciente de otras señales que te revelarán su futura fidelidad también.

BANDERA ROJA 🚩

- Está casada.
- Tontea con hombres casados.
- Tiene un historial de infidelidad.

BANDERA AMARILLA 🚩

- Se queja contigo de su marido.
- Está saliendo seriamente o está comprometida con alguien más.
- No tiene problema con que otros sean infieles.

BANDERA VERDE 🚩

- Está soltera.
- Se pone límites sanos con hombres casados.
- Otros la consideran como una mujer de carácter noble.

Abre su boca con sabiduría,
y la ley de clemencia está en su lengua.

—

Proverbios 31:26

10

DEJA ATRÁS A ROSA MENTIROSA

Rosa vivía varias puertas más allá de nuestro nuevo hogar. Yo me había estado estirando un poco después de un agradable paseo cuando ella me invitó a tomar café. Aunque tenía una lista de quehaceres que realizar, me di un baño rápido y me dirigí a su casa para hacerle una visita.

Mientras Rosa me acompañaba por su vestíbulo, observé un hermoso cuadro que había en su sala. La escena de un océano turbulento al atardecer era uno de los óleos más dinámicos que había visto jamás.

"Rosa, me encanta ese cuadro", dije con admiración. "Tiene mucha energía".

"Antes era de Meryl Streep", me explicó. "Lo encontré en una pequeña tienda de antigüedades de segunda mano cuando vivíamos en Los Ángeles. Costó una fortuna, pero nos gusta".

"Vaya", musité. Me pregunté momentáneamente qué habría estado haciendo un cuadro de Meryl Streep en una tienda de segunda mano. Sin duda, esa mujer no estaría vendiendo tesoros para pagar sus facturas.

Rosa me llevó a la cocina y me invitó a sentarme en un pequeño rincón soleado para desayunar. Sacó una cesta de muffins que debió de haber hecho mientras yo me bañaba. Cuando nos estábamos acomodando, oí que sonaba su teléfono. El sonido era un poco apagado.

"Perdona", me dijo. "¡Deja que lo encuentre!".

Comenzó a hurgar en su bolsa. El teléfono sonó algunas veces más. Cuando ella lo encontró finalmente, lo miró y me explicó en tono de disculpa: "Mary, lo siento. Necesito responder la llamada".

"Claro", le aseguré. "No hay problema".

Cuando entró en la habitación contigua, Rosa respondió la llamada. "Soy Rosa... siento no haber podido responder a tiempo el teléfono. Estaba en el fondo de mi armario".

¿En el fondo de su armario? Vaya respuesta tan extraña, pensé yo.

Eché un vistazo a la cocina de Rosa, observando las fotografías que tenía en la puerta del refrigerador. Algunas mostraban a dos muchachas adolescentes que supuse que eran sus hijas, vestidas con uniformes de fútbol. Mientras Rosa seguía hablando por teléfono, escuché que discutía con alguien.

"Bien, soy abogada de bienes raíces, así que creo que lo sé".

A medida que la conversación se fue acalorando, me sentí un poco incómoda al estar escuchando.

Cuando Rosa colgó, regresó apresuradamente a la cocina.

"Lo siento mucho. Los Merkand, los vecinos, han instalado una luz muy fuerte en su patio trasero que está encendida toda la noche. Mis hijas duermen en la parte norte de la casa", me explicó Rosa, señalando en dirección a la casa de los Merkand. "Dicen que a ellos no les molesta, pero me parece que es totalmente inaceptable".

Y de ese modo fue como descubrí que el pintoresco barrio que habían escogido para vivir era como cualquier otro lugar donde hay, bueno, personas.

"¿Te oí decir que eres abogado de bienes raíces?", le pregunté, deseosa de que dejara de hablar de la extraña llamada telefónica y saber más sobre Rosa.

"Fui asistente jurídico durante cinco años", me dijo. Su tono comunicaba que le parecía una explicación perfectamente razonable para afirmar ser abogado. "Así que sé que tenemos derechos".

El teléfono de Rosa volvió a sonar. Ella miró de quién procedía la llamada y explicó: "Voy a atender esta y después apagaré este teléfono".

"Está bien", dije yo, aunque esperaba que esa fuera la última interrupción.

Rosa se sentó enfrente de mí cuando respondió la llamada. Mirando por la ventana, observé que había un camión de reparto delante de la casa.

"No, ahora no estoy en casa", mintió Rosa. "Estaré de regreso… mm… en unas dos horas. Pero salimos de vacaciones en la mañana, de modo que sí lo necesito esta tarde. Gracias".

Apagó su teléfono y lo dejó en la encimera. "Era el muchacho de los repartos que traía algo que pedí. Pueden traerlo más tarde, para así poder charlar ahora".

De repente, yo era la máxima prioridad de Rosa.

"Pero creo que están ahí enfrente", dije yo, señalando por la ventana hacia el camión.

"Volverán", me aseguró ella. "No les importa".

Si yo fuera el muchacho del reparto y nos viera tomando café en la cocina, creo que me importaría. Aún así, deseosa de llegar a conocer a Rosa, le pregunté: "¿Dónde se van mañana?".

"¿A qué te refieres?", dijo ella, genuinamente asombrada.

"Me refiero a dónde van de vacaciones. ¿Vuelan a algún lugar, o van conduciendo?".

"¡Ah!". Asintió con la cabeza, entendiendo repentinamente a lo que yo me refería. "No, no vamos a ninguna parte. Sencillamente no quería que él pensara que iba a ir a recoger ese paquete al almacén".

Lo dijo como si el conductor fuera el único que intentaba hacerle una mala jugada *a ella*.

Después de apagar su teléfono, Rosa y yo pasamos un rato muy agradable; pero yo no podía librarme de la pregunta de si algo de lo que ya me había dicho era cierto.

¿Fue alguna vez Meryl Streep la dueña de ese cuadro?

PROBLEMAS PARA SEPARAR VERDAD Y FICCIÓN

Rosa Mentirosa tenía una dificultad crónica para decir la verdad. No es que ella exagerara un poco la verdad. De hecho, no está claro si alguna vez Rosa incluso reconoce lo que es verdad y lo que es ficción.

Las mentiras de Rosa son corrosivas para sus relaciones. Sé que yo sería muy cauta a la hora de desarrollar una amistad más profunda con ella. Y si solamente necesité unos momentos para darme cuenta de los "inocentes" engaños de Rosa, no podía imaginar lo que sería ser su esposo o sus hijas.

Las mentiras de Rosa sirven a una sola persona: Rosa. Sin siquiera parecer darse cuenta de lo que está haciendo, ella ofrece una explicación que impresionará o amenazará. Ella maniobra para sugerir que es un poco más de lo que en realidad es; tuerce la verdad para su propia conveniencia. Y debido a que ha alimentado a ese monstruo del engaño por tanto tiempo, a veces mentirá sin ninguna razón en absoluto. ("¿En el fondo de mi armario"? ¿De verdad? ¿Por qué?).

Algunas de las mentiras de Rosa tan sólo exageran la verdad, y algunas son enormes. Durante el curso de nuestra conversación aquel día, me encontré preguntándome: ¿Habían ofrecido a su hija *realmente* una beca total para el fútbol en Duke? ¿Inventó su esposo *realmente* el cargador para teléfonos celulares? *¿De verdad* pudo haber sido vecina de Kobe Bryant, Sally Field, Tom Cruise *y* Miley Cyrus?

Partes de las historias de Rosa Mentirosa serán ciertas, pero no hay manera confiable de saber qué partes son esas. (Quizá ella solamente vio en televisión a Miley Cyrus en los premios Grammy y *sintió* como si fueran vecinas). Y cualquiera que intente cuestionar sus mentiras la verá sacar sus uñas. Cuando Rosa se siente acorralada, por la incómoda "verdad", es propensa a atacar. Debido a que no quiere quedar al descubierto como un fraude, atacará, y de modo bastante creativo, para que el conflicto se trate de la otra persona. *Tus* recelos. *Tus* sospechas. *Tus* acusaciones. Al final de tu conversación, en realidad podrías llegar a creer que estás equivocado incluso por cuestionar la versión de la realidad que da Rosa.

LEE LAS SEÑALES

Hombres, abran sus ojos.

Durante el periodo de noviazgo, los engaños de Rosa podrían fácilmente pasarse por alto. Hasta que se conozcan bien el uno al otro, podrías no reconocer algunos de los cuentos que ella está creando. Como siempre, presta atención al modo en que la mujer con la que estás se relaciona con los demás. Por ejemplo, digamos que estás con ella y llega tarde para ir a visitar a sus padres. Cuando ellos llaman para saber dónde está, ¿cómo responde?

- Mamá, esto es una locura. Se nos ha pinchado una rueda, pero ya estamos otra vez en la carretera. Llegaremos en veinte minutos.

- ¡Nos quedamos sin gasolina! Era su auto, así que al menos no fue culpa mía. Mi novio tenía una lata de gasolina en el maletero, así que nos acercamos a una gasolinera para llenarla.
- Mamá, no lo planeé bien. Ha sido un día muy ajetreado, y simplemente no dejé tiempo suficiente para prepararme. Lo siento mucho. Nos veremos en veinte minutos.

La primera explicación la libera cómodamente de toda responsabilidad por su tardanza. La segunda, como sospecho que habrás notado, te implica *a ti* en la debacle. En la tercera, sin embargo, ella dice la verdad cuando es la más difícil de las opciones. Dado poder elegir entre una opción fácil y otra difícil, Rosa escogerá lo que sea más fácil para ella.

Lo que quiero que oigas y entiendas es que no escaparás a ser afectado por esta red de mentiras. Quizá comenzarás a observar el modo en que Rosa estira la verdad para mejorar una historia que está contando. Al principio parece inofensivo. Entonces quizá comenzarás a ver otros de los engaños de Rosa. Comenzarás a entender que Rosa miente sin ni siquiera tener intención de hacerlo. Observarás que debido a que el filtro con el cual ve el mundo es comportarse de maneras que le causen beneficio, ya no puede distinguir entre lo que es cierto y lo que es falso.

Con el tiempo te darás cuenta de que no puedes confiar en Rosa respecto a *nada*. Sus mentiras han erosionado la verdad entre ustedes, y cuando eso sucede, su amor se secará. Tú la mirarás y verás solamente el caparazón de una persona que antes pensabas que conocías. No es posible intimar con alguien tan resbaladizo como Rosa.

LA ESPOSA CONFIABLE

Salomón reflexionó sobre esta mujer de integridad en su descripción de la buena esposa. Él declaró que era una mujer en quien se podía confiar: "Abre su boca con sabiduría, y la ley de clemencia está en su lengua" (Proverbios 31:26).

Podrías imaginarla como una vasija. Por dentro, sus lugares profundos están llenos de verdad, sabiduría e integridad. Cuando habla, eso es lo que sale de modo natural de su boca. A veces su sabiduría y su fiel enseñanza son bien recibidas, y otras veces puede que no lo sean. Pero la mujer que Salomón describió, aquella en quien sabes que puedes confiar, es valiente para declarar la verdad en cada situación.

Rosa Mentirosa, sin embargo, está llena de mentiras, necedad e incoherencia moral. Su interior está envenenado de engaño. Cuando Rosa habla, eso es lo que sale de su lengua.

Jesús se guardó sus críticas más duras para aquellos que se comportaban del modo en que lo hace Rosa. Siglos después de que Salomón identificara a la esposa buena y fiel, Jesús también describió lo que es cierto de los seres humanos: que nuestros labios revelan lo que hay en el interior de nosotros, y lo que hay en el interior no puede evitar sino salir por nuestra boca. Y aunque hay un popular estereotipo cultural acerca de que Jesús era un hippie pacífico y desenfadado, incansablemente "amable", Él reservó sus críticas más duras para los líderes religiosos que no tenían más integridad moral que Rosa Mentirosa.

"O haced el árbol bueno, y su fruto bueno, o haced el árbol malo, y su fruto malo; porque por el fruto se conoce el árbol" (Mateo 12:33). Él estaba diciendo que lo que está en el interior es evidente por lo que se produce en el exterior.

Él siguió hablando a esos falsos maestros:

¡Generación de víboras! ¿Cómo podéis hablar lo bueno, siendo malos? Porque de la abundancia del corazón habla la boca. El hombre bueno, del buen tesoro del corazón saca buenas cosas; y el hombre malo, del mal tesoro saca malas cosas. Mas yo os digo que de toda palabra ociosa que hablen los hombres, de ella darán cuenta en el día del juicio. Porque por tus palabras serás justificado, y por tus palabras serás condenado. (Mateo 12:34-37)

Jesús quería que supiéramos que lo que decimos importa. Importa porque influencia nuestra relación con Dios y nuestra relación con los demás. Rosa Mentirosa es incapaz de hablar con sabiduría o de ofrecer enseñanza fiel porque lo que está en su interior ha sido revelado, por sus propias palabras, como corrompido.

ATREVERSE CON VALENTÍA A DECIR LA VERDAD

Al principio, Rosa Mentirosa dice una mentira cuando es más fácil que decir la verdad. Ella escoge el camino que le haga verse bien, de la manera fácil. Finalmente, perdiendo todo rastro de realidad, miente cuando no hay razón alguna para mentir. Su interior ha sido corrompido por el engaño, y ya no puede distinguir la verdad.

La mujer con quien casarte, sugeriré, es una mujer que hace precisamente lo contrario. Cuando esta mujer está en la más difícil de las circunstancias, cuando tiene miedo a que decir la verdad tendrá consecuencias negativas en su vida, declara con valentía la verdad de todos modos.

Una de las mujeres en la Biblia a la que vemos hacer esto es una señora con pocas posibilidades. De hecho, si no se hubiera encontrado con Jesús habría sido, según la jerarquía social de su cultura, ignorada por completo.

Advertencia: muchachos, estoy a punto de hablar de la "señora negocios", ¡pero quiero que confíen en mí lo bastante para seguir leyendo!

Capernaúm estaba situada en la costa norte del mar de Galilea. No era muy densa en absoluto; podría haber habido solamente unas cuantas filas de casas a lo largo de la costa. Sin embargo, estaba ubicada en un importante camino. No, no había camiones y camionetas, pero era una ruta ajetreada.

Según Marcos 5, un día Jesús se dirigía a la casa de un líder de la sinagoga local, pero grandes multitudes le apretaban. Una de las personas en la multitud era una mujer que había tenido hemorragias durante doce años. Además del impacto brutal que eso habría tenido sobre su cuerpo, ese impacto también se habría extendido a todas las otras áreas de su vida. Socialmente, se esperaba que las mujeres se quedaran en sus casas durante su menstruación, de modo que ella estaba quebrantando la ley incluso al estar en público. También, buscar ayuda de todo tipo de médicos y sanadores les habría dejado, a ella y a su familia, en bancarrota económica.

Pero cuando esta mujer oyó sobre un hombre que hacía milagros, se atrevió a tener esperanza una vez más. Abriéndose camino con dificultad entre la multitud, la mujer se acercó para tocar el borde del manto de Jesús. Cuando lo hizo, supo, en lo profundo de su ser, que había sido sanada.

Y aquí llega la verdadera prueba: la mujer quedó inmediatamente aterrada, no sólo porque había violado las leyes sobre pureza, sino porque también había llegado incluso a tocar a un rabino, haciéndole con eso impuro. Eso significaba que los dos tendrían que someterse a un proceso de limpieza ritual.

"¿Quién me ha tocado?", preguntó Jesús.

¡Sus discípulos debieron de pensar que se había vuelto loco! Una mejor pregunta en medio de esa multitud podría haber sido: "¿Quién no me ha tocado?".

En ese momento, cuando nadie realmente podría haber sabido *quién* tocó a Jesús, lo más fácil habría sido mentir. ¿Lo más difícil? Para la mujer, dar un paso al frente y confesar lo que había hecho. Pero eso fue exactamente lo que hizo esta señora sin nombre, esperando sin duda sufrir burlas y vergüenza.

No fue así, sin embargo. En cambio, Jesús amablemente la llamó "hija" y la bendijo (Marcos 5:34).

Muchachos, el tipo de mujer con la que querrán casarse es una que no sólo diga la verdad cuando resulte conveniente; es una mujer que, como la que había tenido hemorragias durante doce años, dice la verdad cuando eso es lo más difícil.

TRANSPARENCIA VALIENTE

Rosa Mentirosa dice medias verdades y cosas inciertas para verse mejor delante de los demás de lo que realmente es. Pero yo conocí a una muchacha en la universidad que era totalmente lo opuesto a Rosa Mentirosa. Lo que recuerdo acerca de Raylene, lo que me resulta tan singular, es que ella estaba dispuesta a que otros vieran quién era ella *realmente*. Esto es algo menor, pero si Raylene se levantaba tarde y tenía que escoger entre verse fantástica y conseguir llegar a clase, iba a clase, con un aspecto presentable pero sin maquillaje.

También recuerdo que enseguida asumía la responsabilidad cuando algo era culpa de ella. Es cómico que incluso recuerde esto, pero cuando una de las duchas de nuestra residencia se atascó, recuerdo que Raylene, que tenía cabello oscuro, largo y espeso, estuvo desatascando el desagüe para limpiar el cabello.

O cuando otras en nuestro pasillo se estaban quejando una noche por no haber sacado buenas calificaciones, ¡como si hubiera sido culpa del maestro! recuerdo que Raylene confesó que había sacado una mala nota en química porque sencillamente no entregó algunos de los trabajos.

Lo que me resultaba más atractivo de Raylene era su transparencia. Era como una brisa de aire fresco porque no empleaba mucha energía intentando convencer a otros de que ella era mejor de lo que realmente era. Este tipo de transparencia es lo contrario a Rosa Mentirosa, que está más preocupada por cómo la perciben los demás que por lo que es cierto.

Muchachos, busquen una mujer que sea lo bastante segura respecto a quién es ella y que no necesite ocultarse y encubrir como hace Rosa Mentirosa.

EL TIPO DE VERDAD QUE HACE LIBRE A LA GENTE

Si Rosa Mentirosa siempre utiliza una medida de engaño para situarse a sí misma bajo la mejor luz posible, una notable mujer a la que conozco ha hecho *exactamente* lo contrario.

Lisa Bevere es una de las personas más transparentes que conozco. Durante más de dos décadas, Lisa y su esposo, John, han servido juntos mediante Messenger International, una organización comprometida a enseñar, alcanzar y rescatar comunicando la Palabra de Dios y amor en acción en todo el mundo. Lisa conecta con las mujeres en el corazón, a medida que humildemente comparte sus luchas y experiencias personales para dar a otras vidas libertad y transformación.

Su honestidad no ha obstaculizado a su esposo; realmente ha abierto puertas para los dos. Este tipo de transparencia es lo contrario a Rosa Mentirosa, que está más preocupada por cómo la perciben que por lo que es verdad.

¿ALTO, PAUSA O AVANCE?

La buena esposa será una mujer que no sólo evita las mentiras descaradas, sino que también es apasionada respecto a aferrarse a la verdad. Mantén encendidas tus antenas para discernir si es una mujer de integridad.

BANDERA ROJA 🏴

- Miente.
- Distorsiona la verdad.
- Dice que lo que sea más conveniente en el momento.

BANDERA AMARILLA 🏳

- "Embellece" demasiado las historias.
- Te acusa a *ti* de mentir (¡cuando no lo has hecho!).
- Dice cualquier cosa que crea que la hará verse bien.

BANDERA VERDE 🏴

- Dice la verdad.
- Dice la verdad cuando es difícil.
- Otros confían en ella.

Busca lana y lino,
y con voluntad trabaja con sus manos.

—

Proverbios 31:13

11

DEJA IR A PEREZOSA PENÉLOPE

Mi amiga Penélope, de la oficina donde trabajaba, se había ofrecido amablemente a prestarme una pelota de ejercicio que ella ya no utilizaba. Había sugerido que podría llevármela al trabajo, pero mientras yo estaba haciendo recados una tarde, terminé en el centro de su barrio y decidí pasar por su casa para ahorrarle la tarea.

Cuando Penélope miró por la mirilla de la puerta y abrió el cerrojo cuidadosamente, pareció sorprendida, y posiblemente un poco preocupada, porque yo había ido sin avisar. Abrió la puerta solamente un poco mientras charlábamos. Sintiendo la evidente tensión, me disculpé por sorprenderla y le expliqué la razón de mi visita.

Cuando Penélope abrió la puerta para que yo entrara, no podía creer lo que veía. Su casa estaba hasta arriba de montones de papeles, revistas, y todo tipo de cosas por allí tiradas y desordenadas. No podía invitarme a sentarme porque todos los asientos, incluido el sofá, las sillas y los taburetes de la cocina ¡estaban llenos de cosas! Entre los papeles y demás objetos estaban lo que parecían ser vasos vacíos y platos sucios de varios días. Cuando Penélope me había dicho que con frecuencia pasaba cuatro o cinco horas cada tarde viendo la televisión, yo no lo había creído. Ahora lo creía.

Me quedé helada en el vestíbulo. Recordé que en una ocasión o dos ella había bromeado sobre la frecuencia con la que decidía quedarse en el sofá y ponerse al día de los programas TiVo en lugar de limpiar la casa, pero yo pensaba que estaba bromeando. Ahora entendía que no bromeaba; de hecho, parecía que ese lugar no lo habían limpiado durante semanas.

Penélope, ansiosa, me dijo: "Quédate aquí. Iré a buscarla".

Cuando se giró para ir a buscar la pelota de ejercicio, se chocó contra un montón de correo, que cayó al piso.

"Puedo recogerlo", me ofrecí a la vez que me inclinaba.

"No, no", dijo ella. "Lo haré después. Tú siéntate".

Cuando Penélope desapareció por el pasillo, yo miré alrededor. Había una capa de polvo en las repisas de las ventanas y las mesas. Cortinas sucias cubrían las ventanas. Platos y recipientes con comida reseca llenaban la encimera de la cocina.

Tengo que decir que me quedé realmente sorprendida. Penélope parecía organizada cuando yo la veía en el trabajo. Sí, a veces su camisa tenía una mancha o había pelo de gato en sus pantalones. Y sí, un vistazo a su auto en la oficina a veces revelaba un envoltorio de Burger King, la piel de un plátano o una lata o dos vacías de Coca-Cola. Pero yo no había imaginado que ella permitiera que su casa llegara hasta ese nivel de suciedad. El caos en que vivía Penélope no la habría calificado para un episodio de *Hoarders*, pues no era tan extremo, pero era desconcertante.

Cuando Penélope regresó con la pelota, yo le di las gracias y rápidamente me di la vuelta para salir.

"Gracias por pasarte, Mary", dijo Penélope. "Y siento no haber tenido oportunidad de limpiar y ordenar antes de que vinieras".

Yo sonreí educadamente, pero por dentro estaba pensando que habría tenido que avisarle con un par de días de antelación para darle tiempo de "limpiar y ordenar".

Cuando llegué a casa, le conté la perpleja escena a Don y decidí no mencionarlo a ninguna otra persona. Pero cuando una amiga mutua, Sara, de la oficina, se enteró del préstamo de la pelota de ejercicio, habló conmigo del tema en la sala de descanso de la oficina.

"Entonces", preguntó Sara, "¿fuiste a buscar la pelota de ejercicio al apartamento de Penélope?".

Sin querer abrir la puerta al chisme, respondí solamente con dos palabras: "Lo hice". Me propuse no sonar ni con un tono de horror ni de molestia. Y si lo digo yo misma, creo que pude pintar un cuadro bastante bueno de despreocupación e indiferencia.

Eso fue lo único que necesitaba Sara, sin embargo, para hablar de los hábitos de limpieza que tenía Penélope en su casa. No me gustaba hacia dónde se dirigía la conversación, pero entonces Sara de repente me sorprendió.

"Mary", explicó con una bondad y una compasión que yo no esperaba, "lo que estabas viendo era el interior de su corazón".

Las palabras de Sara entraron en mi propio corazón, y seguí pensando en ellas durante la semana. Mi instinto me decía que ella había dicho algo verdadero, y quería saber lo que era. Pero como yo no era una intérprete experimentada, no podía decir exactamente qué revelaba ese caótico vistazo respecto al corazón de Penélope.

La preocupación que había en mi corazón era que revelaba algo respecto al modo en que Penélope se veía a sí misma.

CORAZÓN CAÓTICO

Mi preocupación por Penélope continuó. No era solamente que no mantuviera su casa impecable. El estado de Penélope, me temía, no era algo que pudiera arreglar alguien a quien se contratara para limpiar. El modo en que su ambiente físico se había descontrolado era una señal de algo mucho más profundo.

Jesús dijo que los dos mandamientos más importantes son amar a Dios y amar a nuestro prójimo como a nosotros mismos (Marcos 12:28-29). Lo que a veces no escuchamos y apreciamos, sin embargo, es que Jesús supuso que nos amamos a nosotros mismos. Nuestro amor por otros se predica sobre esta suposición de que nos amamos a nosotros mismos, y que si amamos a los demás en igual medida, todos ganan.

Tristemente, no es evidente que Perezosa Penélope ejercite el cuidado de sí misma. Eso significa que si te ama *a ti* del modo en que se ama a sí misma, con ropa descuidada, platos sin lavar y un ambiente caótico, no serás *amado* bien. De hecho, cuando una Penélope se casa joven, se convierte en una mujer que no sabe cómo quitar la tapa del tanque de gasolina para echar gasolina en su auto, que no sabe cómo utilizar el cajero automático, y no puede encontrar un empleo por sí sola. Y aunque al principio podrías sentirte un héroe, haciendo esas cosas para ella, la novedad rápidamente se desvanecerá.

El estado de la casa de Penélope *ahora* será el estado de *tu* casa en el futuro. Si estás buscando una cuchara o un plato limpio, tendrás que lavar platos muchas veces. ¿Colada limpia? Solamente si tienes suerte y la encuentras en la secadora con la ropa que tú mismo metiste anoche. Si te casas con una Perezosa Penélope, puedes prepararte para mucha frustración en años venideros. La mujer que no puede amarse a sí misma no será capaz de amarte a ti.

Cuando pasé por la casa de mi Penélope, no estaba claro para mí si ella entendía que estaba en una situación problemática. Pareció un poco incómoda con mi llegada, lo cual me dijo que ella sabía que *algo* iba mal. Y sin embargo, parece que había vivido bajo esas condiciones por tanto tiempo que carecía de lo necesario para *responder* a ese conocimiento. De modo similar, supongo, que aquellos que viven con un diagnóstico de síndrome de Diógenes, Penélope parecía inmovilizada, incapaz de cambiar las circunstancias que creo que ella reconocía como menos que óptimas.

PERDER A PENÉLOPE

A medida que he pensado en Penélope a lo largo de los años, me he preguntado cómo reaccionaría yo si uno de mis hijos o nietos la trajera a casa para conocernos a Don y a mí. Quizá sería una joven que podría pasar en el trabajo o en la iglesia, pero cuya vida privada estuviera totalmente desordenada. Y si soy sincera, tendría que sugerir a mis queridos muchachos que *pasaran* de ella.

No estoy diciendo que Penélope no tenga valor. No es así. Ha sido creada a imagen de Dios del mismo modo en que lo somos tú y yo. Te aliento a que seas su amigo, pero no te aconsejaría que te cases con Penélope. Sencillamente, ella que no está en el tipo de lugar saludable emocionalmente y espiritualmente en el que una *esposa* necesita estar, a fin de dar y recibir en una relación mutuamente beneficiosa.

Hombres, voy a ser muy clara con ustedes: Penélope es una mujer que necesita que la cuiden. Si se casan con ella, estarán haciendo eso durante el resto de su vida. Ella no será la compañera idónea que necesitan para crear un matrimonio en el cual ambas personas se desarrollan.

Cada persona necesita saber cómo cuidar de sí mismo y de su casa. Ya sea que lo hagas en tu propia casa o que algún día contrates a alguien para ocuparse de esas cosas, necesitas tener la voluntad y la habilidad de cuidar de ti mismo. Lo mismo necesita tu esposa. Tristemente, Perezosa Penélope es incapaz de cuidar de sí misma, y será incapaz de cuidar de ti o de tus hijos.

TRABAJAR CON MANOS SOLÍCITAS

¿Te acuerdas de Ramona Gastona? Ya sea que Ramona tenga un elevado salario o lleve a casa lo mínimo, está *atascada* porque siempre está gastando más de lo que tiene. Lo que una mujer hace con su dinero es un aspecto que el rey Salomón abordó en Proverbios 31. La buena esposa es una que es responsable y sabia con lo que ha recibido.

Otra cosa importante que Salomón tenía que decir sobre el trabajo de una mujer está relacionada con la diligencia. Productividad. Compromiso con el trabajo que ella ha escogido. Salomón dijo de la buena esposa: "Busca lana y lino, y con voluntad trabaja con sus manos" (Proverbios 31:13). La buena esposa no es la que se ve *obligada* a contribuir a las finanzas familiares y a su bienestar, mediante el trabajo fuera de casa o el trabajo dentro de la casa; es la que *desea* ser productiva haciendo un trabajo significativo.

Veamos de nuevo la descripción de Salomón en Proverbios 31 del trabajo que hace la buena esposa. Aunque algunas de estas cualidades dejan al descubierto la irresponsabilidad de Ramona y su gasto fuera de control, muchas también sacan a la luz la pereza de Penélope. La mujer que es exaltada como la buena esposa digna de ser alabada es la que aplica su corazón, alma, mente y fuerzas a las tareas que tiene por delante:

- "Busca lana y lino, y con voluntad trabaja con sus manos" (v. 13). ¡Sus manos son excepcionales para comenzar!

- "Se levanta aun de noche y da comida a su familia y ración a sus criadas" (v. 15). ¡Se levanta antes del amanecer!

- "Considera la heredad, y la compra, y planta viña del fruto de sus manos" (v. 16). ¡Es una máquina agrícola!

- Ciñe de fuerza sus lomos, y esfuerza sus brazos" (v. 17). ¡Es fuerte y enérgica!

- "Ve que van bien sus negocios; su lámpara no se apaga de noche" (v. 18). ¡Se mantiene despierta después que el sol!

- "Considera los caminos de su casa, y no come el pan de balde" (v. 27). ¡No es perezosa!

De todas las mujeres con las que te estoy advirtiendo que seas cauto, Perezosa Penélope es igualmente el opuesto polar a la composición de la mujer de Proverbios 31 como cualquiera de las otras a evitar.

LA MARTHA STEWART DE ANTAÑO

Siglos después de que Salomón describiera a nuestra industriosa buena esposa, en el Israel del primer siglo tenemos un destello de una mujer así. Aunque no parecía tener esposo, Marta es un modelo contrario a Perezosa Penélope.

Aunque entiendo que es una coincidencia que la Marta bíblica tenga el mismo nombre que la actual diva doméstica Martha Stewart, no es necesario pasar por alto la semejanza. Estas dos Martas son industriosas, diligentes, trabajadoras y hospitalarias. Si alguna mujer del primer siglo pudiera haber construido un imperio sobre la tarea doméstica y la hospitalidad, habría sido la hermana de María y de Lázaro y la amiga de Jesús: Marta.

Uno de los destellos que obtenemos de Marta en los Evangelios, el que es más conocido, con frecuencia deja en mal lugar a Marta. La moraleja que obtenemos del encuentro que Jesús tuvo en la casa de sus amigos con frecuencia queda reducida a: "No seas como Marta". Me gustaría sugerir que hay mucho más en esta mujer.

Cuando Jesús visitó la casa de Lázaro, María y Marta, donde se quedaba con frecuencia, muchos, incluidos sus discípulos, se habían reunido para escuchar la enseñanza de Jesús. Habían llenado la casa para sentarse a los pies del controvertido rabino. Mientras María se unía a los otros invitados, Marta estaba ocupada con los preparativos que eran necesarios para servir a esas personas que tenían hambre.

Muchachos, voy a contarles un secreto: cuando las mujeres leemos esta historia en el Evangelio de Lucas, quedamos destrozadas. Por una parte, oímos las palabras de Jesús. Y en cierto nivel incluso lo entendemos. Sabemos que, en el cuadro general, dada la opción de estar sentadas a los pies de Jesús o ajetreados como un ama de casa, preferiríamos dejar todo y pasar tiempo con el maestro. Pero también somos conscientes de que el maestro probablemente tenía sed. Él y sus compañeros tendrían hambre. Necesitarían lavarse después de un día en el polvoriento camino. No conozco ninguna mujer que no vacilaría entre estas dos posibilidades.

No, borremos eso. La mujer que no vacilaría se llama Penélope.

Y aunque Lucas no lo menciona (¿quizá porque es un hombre?), tengo que creer que a menos que María fuese completamente inconsciente, también ella estaría vacilante entre los dos ideales. Allí, en su propia sala, estaba Aquel que tenía las palabras de vida. ¿Quién querría estar llevando agua y cocinando las lentejas? Y sin embargo, María entendía que, en su cultura y en la nuestra, habría sido responsabilidad de la anfitriona servir a sus invitados. Mi instinto me dice que alguna parte de María estaba peleando con su responsabilidad, incluso mientras Jesús hablaba.

Supondría que eso también era cierto de Marta. Ella conocía, amaba y confiaba en Jesús. ¡Desde luego que quería estar relajada a sus pies y devorando las palabras que Él ofrecía! Pero también era consciente de que había otras personas con hambre en su casa. Y mientras Jesús daba alimento a sus corazones, Marta decidió alimentar cuerpos hambrientos.

Escuchemos las palabras que Jesús le dijo a Marta cuando ella le rogó que enviara a María a la cocina: "Marta, Marta, afanada y turbada estás con muchas cosas. Pero sólo una cosa es necesaria; y María ha escogido la buena parte, la cual no le será quitada" (Lucas 10:41-42).

Es aquí donde Marta recibe la represión. He oído leer este pasaje desde el púlpito con un tono de condenación. Pero la relación que Jesús tenía con Marta, en la cual ella claramente amaba a Jesús y confiaba en Él, me sugiere que estas palabras que Él pronunció estaban llenas de amor y afecto. En la traducción de la Biblia que hace Eugene Peterson, *The Message*, se llega un poco a esta bondad: "Marta, querida Marta, te estás quejando demasiado y te permites estar agobiada por nada. Solamente una cosa es esencial, y María la ha escogido: es el plato principal, y que no le será quitado". Jesús no estaba diciendo que lo que Marta estaba haciendo fuera poco importante. En ciertos aspectos, al alimentar a personas que tenían hambre, ambos estaban haciendo lo mismo. Jesús le pide a Marta que tenga perspectiva respecto a la situación.

Como mencioné cuando conocimos a Santa Samanta, querrás escoger a una mujer que tenga un festín en la mesa que Jesús prepara. Eso es lo que María hace en esta historia. Pero también quiero que oigas la exhortación de Salomón a escoger una mujer que "con voluntad trabaja con sus manos" (Proverbios 31:13). Marta es esa sierva voluntariosa que se ocupa de las personas que están en su casa.

Y cuando los platos están recogidos y limpios, se sienta para ser alimentada por Aquel que es el Pan de vida.

LA PRIMERA SRA. COLBERT

Una de las muchas cosas que más aprecio en mi suegra es que crió a tres hijos increíbles. (Gracias, Kitty, por el reglo de Don). Pero no es solamente lo que ella hizo durante los años formativos de sus hijos lo que más admiro de esta fuerte mujer de Dios. Es quien ella es actualmente. Aunque nuestras actuales décadas indulgentes de "jubilación" no podrían haber sido imaginadas por quienes vivieron en la narrativa bíblica, la mujer a quien antes yo llamaba Sra. Colbert (antes de convertirme yo en la Sra. Colbert) es una mujer activa y vibrante sin un solo hueso de pereza en su cuerpo. No solamente sirve en su iglesia y defiende a los animales sin hogar; Kitty sigue trabajando a jornada completa en un banco local. Debido a que no quiero añadir nada a su carga de trabajo, no mencionaré el nombre del banco. Pero si lo llamáramos Banco de Cualquier lugar durante las horas normales de negocio, la voz que uno o iría al otro extremo, la cual proporcionaría la ayuda necesaria, sería la de Kitty Colbert.

La vida vibrante y diligente de Kitty me recuerda la parábola de Jesús y la higuera. Jesús no maldijo la higuera porque no le gustaran los higos; Jesús maldijo la higuera cuando dejó de producir hijos (Mateo 21:18.20). Aunque yo no tengo el hábito de poner nombres propios a los árboles, la higuera sin fruto se llamaría Perezosa Penélope.

Caballeros, mantengan sus ojos abiertos al tipo de mujer con la que se casó el padre de Don, una mujer como Kitty Colbert que trabaja con energía, entusiasmo y fidelidad.

TRABAJAR LAVANDO AUTOS

Cuando su esposo la vio por primera vez, Joyce Meyer, que ahora es una maestra de la Biblia conocida en todo el mundo, estaba lavando el auto de su madre. Esa sensata ética de trabajo ha continuado a lo largo de su matrimonio. Joyce no es solo diligente profesionalmente, sino que también se ha ocupado de su casa y ha criado sus hijos con estructura y orden. Quizá la mejor manera de decirlo es que hay un espíritu de *excelencia* en Joyce. Ella también tiene una energía increíble. Y contrariamente a Perezosa Penélope, está atenta a los detalles. Joyce personifica muchas cualidades de la mujer que Salomón describió en Proverbios 31.

¿ALTO, PAUSA O AVANCE?

Uno de los problemas de Perezosa Penélope, que se convertirá en tu problema, es que ella no hace su parte. Aunque puede que haya diversas razones para eso, puede que no importen. Harás bien en prestar atención a estas señales de advertencia.

BANDERA ROJA

- Ella no sabe cuidar de sí misma y de sus cosas.
- Se niega a aprender a cuidar de sí misma y de sus cosas.
- Otra persona siempre se ha ocupado de sus necesidades.

BANDERA AMARILLA

- No está dispuesta a levantarse y ponerse en marcha en la mañana.
- Su casa está desordenada.
- Su auto es un vertedero de basura.

BANDERA VERDE

- Está deseosa de poder contribuir.
- Es una buena trabajadora.
- Su trabajo produce beneficios.

Ciñe de fuerza sus lomos,
y esfuerza sus brazos.

—

Proverbios 31:17

12

MANTENTE LEJOS DE TRISTE TAMARA

"La vida es dura. Y entonces mueres".

Así es como una conocida mía, Tamara, considera su vida. (¡Y en mi opinión es una vida realmente hermosa!). Tamara está en la década de los cuarenta, trabaja como administrativa en una empresa farmacéutica local, y está casada con un hombre estupendo. Tienen un hijo y una hija que están en cuarto y quinto grado en la escuela donde Eric, su esposo, enseña en kínder.

Tamara está por lo general molesta o decepcionada por *algo*. Dependiendo del día en particular, podría sentirse decepcionada porque no puede llevar a sus hijos a la escuela; o sentirse deprimida cuando Eric tiene que irse a la escuela para una reunión en la mañana, o quedarse hasta la tarde, porque entonces ella *tiene que* llevar a sus hijos.

Todos pierden. Así es como Tamara ve su pasado, su presente y su futuro.

Debido a que Tamara tiende a sacar todos sus lamentos cuando nos juntamos, no me sorprendió, cuando hace unas semanas tomábamos café, que la conversación girara hacia tales asuntos. Uno de sus hijos había sido hospitalizado por bronquitis, y en cierto modo Tamara se las arregló para que eso se tratara de *ella*. Pero lo que Tamara compartió arrojó algo de luz verdadera sobre su corazón.

Yo sabía que la familia de Tamara, remontándose varias generaciones por ambas partes, era de Minnesota. Mientras daba sorbos de un Mocha Frappuccino grande de Starbucks, Tamara me dijo que cuando ella era joven, el único trabajo que su padre pudo encontrar fue en California. De modo que toda la familia (los padres, Tamara con seis años y su hermana de tres años, Marian) se mudaron a San Diego para que él fuera a trabajar a una fábrica. Siete meses después de su llegada, sin embargo, la hermana pequeña de Tamara, Marian, contrajo meningitis.

Mientras Marian estaba hospitalizada, la mamá de Tamara se debatía entre intentar estar cerca de la niña que estaba en cuarentena en el hospital, y estar en casa para ocuparse de Tamara. La familia no tenía dinero extra para poder contratar a una canguro, e incluso el transporte público de ida y regreso al hospital demostraba ser un gasto difícil para ellos. Por lo tanto, cuando Tamara terminó su primer grado en el mes de junio, su madre la envió de regreso con sus abuelos que vivían en una pequeña ciudad agrícola en las afueras de Minneapolis. Ella creyó que cada una de sus hijas estaría mejor de esa manera. Tamara, rodeada de primos, maíz, vacas y gallinas, vivía con sus abuelos mientras su madre se ocupaba del cuidado de Marian.

"Todo se trataba siempre de mi prima Judy", se quejaba Tamara. "Ella tenía la ropa más bonita, los mejores zapatos. Sus padres la consentían, y tenía todo lo que quería".

Yo pude entender que Tamara podría haber sentido que tenía que competir por la atención de sus abuelos, con tantos primos cerca, y haber sentido también envidia de una muchacha de su edad que era inundada del amor y la atención de su propia madre.

"Vaya", me maravillé, saboreando un sorbo de mi té, "eso debió de haber sido difícil".

Tamara asintió con la cabeza. "Lo fue. Y no ha terminado con Judy. Ella se casó con un médico que la sigue consintiendo del modo en que todo el mundo lo hacía cuando era pequeña. Le compra flores, siempre le está entregando regalos, y lava su auto…".

Tamara siguió con la letanía como si estuviera recitando un informe de crímenes cometidos contra la humanidad. Yo intenté parecer compasiva, pero en realidad estaba pensando: *No creo que nada de esas cosas, incluido el trato preferencial cuando era niña, sea realmente culpa de Judy*. Me mordí la lengua.

"Yo nunca tuve eso", se quejó ella. "No tengo personas que cocinen para mí, que limpien para mí y que hagan recados para mí".

Ahora la lista de cargos criminales se estaba haciendo más larga. Yo conocía bien al esposo de Tamara, y había pasado tiempo con ellos como pareja y en el contexto de reuniones de nuestras familias. Puede que no le comprara flores cada semana, pero John era realmente un hombre amable y generoso.

Yo quería decirle a Tamara que en este mundo muy pocas personas tienen a otros esperando sus pies, pero dudaba de que eso marcara alguna diferencia.

Lo que me resultó verdaderamente útil de en esa conversación fue saber cómo había sido el sexto año de vida de Tamara. Durante ese año, ella no había sentido que tuvo lo que necesitaba: amor, atención, ropa. Y fue como si esa experiencia se hubiera cimentado en cierto modo, endureciendo el corazón de Tamara para no recibir y reconocer las bendiciones que había en su vida. Desde mi punto de vista aventajado, podía ver muchas maneras en que Tamara estaba recibiendo lo que necesitaba, pero con los lentes con los que Tamara veía el mundo, solo reconocía la *ausencia* y la carencia. Aunque asistía a la iglesia, no estaba claro que hubiera tenido un encuentro y hubiera confiado en un generoso Proveedor. Tamara tenía en su cabeza que las cosas nunca saldrían como ella quería, que nunca obtendría lo que necesitaba.

Y en la mente de Tamara, nunca lo obtuvo.

TODO VASO MEDIO VACÍO

Cuando pienses en Triste Tamara, es importante saber que esta persona no es alguien que batalla con la depresión clínica. Mi esposo, Don, encuentra a muchas de esas mujeres en su consulta:

individuos cuyos neurotransmisores están desequilibrados. La depresión clínica es algo más que un sentimiento temporal de tristeza. Es distinto a sentirse ocasionalmente desanimado. No es lo mismo que estar de mal humor.

Tampoco es Triste Tamara.

Triste Tamara es el tipo de persona que ve el vaso medio lleno como medio vacío. Si algo va a salir mal, insiste Tamara, saldrá mal para ella. Es negativa respecto a todo y no puede ver el lado bueno de nada. En temperamento es parecida a Chicken Little, creyendo que el mundo se acabará, y eso probablemente sucederá hoy.

Tamara puede quedarse atascada en un bucle repetitivo de recitar los lamentos de su pasado: su padre la abandonó, nunca conoció a su papá, su mamá bebía demasiado. Tamara espera que lleguen a su camino cosas malas, ya sea quedarse atascada en el tráfico o que le hagan un mal corte de cabello, y tiene muy poca capacidad para reconocer las bendiciones que hay en su vida.

Lo que una mujer podría considerar un reto o una oportunidad, Tamara lo considerará desalentador. Esto puede estar relacionado con la experiencia de Tamara en el pasado, o puede que tenga que ver con su constitución emocional interior. Cualquiera que sea la fuente, Tamara tiende a ver lo negativo en la mayoría de situaciones.

Que ese sea el modo en que Tamara ve el mundo dice algo sobre el modo en que ve a Dios. Sí, el mundo terminará algún día, pero cuando lo haga, el regreso de Dios va a ser una buena noticia para quienes le conocen y confían en Él. ¡Nuestro Dios está a favor del "sí"! Cuando Tamara ve a Dios como un Dios de "no", no está viendo a Aquel que es real y verdadero, el Dios que dice sí.

CUANDO NO ERES UN SÚPER HÉROE

¿Te estás preguntando qué hombre encontraría a Tamara lo suficientemente atractiva para casarse con ella? Te diré quién: un súper héroe. (Si te cuentas a ti mismo en este grupo, realmente no es tan fantástico como parece al principio). Este es el hombre que quiere "enderezar" a una mujer. Tengo noticias para ti, sin embargo: raras veces este enfoque respecto a una futura pareja termina bien. Las mujeres no están para ser enderezadas. Una puerta rota de un armario sí ha de ser enderezada. Un neumático estropeado debe ser arreglado. Si hay alguna mujer a la que quieres rescatar, táchala de tu lista de potenciales parejas.

Aunque reconozco el valor que hay en el impulso de enderezar a una persona, la realidad es con frecuencia mucho más complicada. He visto a muchos hombres que tienen complejo de salvador, que se ven a sí mismos como caballeros que rescatan a una dama en apuros, y que se ven atraídos a mujeres que necesitan que las enderecen. Pero la mayoría de ellos descubren rápidamente que ellos (¡que tú!) no tienen la capacidad para enderezar a nadie.

Cualesquiera que sean los problemas de Tamara, la única persona que puede abordarlos de manera eficaz es Tamara.

Si imaginas la energía que aportarás a una relación matrimonial, y la energía que aportará Tamara, has de saber que necesitarás aportar mucho más que tu parte justa para mantener el barco a flote. Y aunque los hombres que están pensando en el matrimonio no siempre miran hacia adelante a los hijos, lo cual, estoy convencida de que es el diseño de Dios, te aliento a que hagas precisamente eso. Sin ni siquiera tener esa intención, con su presencia emocional negativa, Triste Tamara comunicará a tus futuros hijos que no le causan alegría. Ellos simplemente se considerarán otro punto negativo en la vida de Tamara.

Debido a que ella ve el mundo mediante su filtro negativo, imagina a qué otra persona considerará de ese mismo modo. ¡A ti! Sin importar lo que hagas, serás simplemente otra persona que decepcionará a Tamara.

Esto es lo que me encantaría que escucharas: hay Alguien con quien Tamara debe tener un encuentro si quiere ser transformada, y no eres tú. Solamente Dios, mediante el poder de su Espíritu Santo, puede sanar, transformar y redimir. Salmos 34:18-19 promete:

Cercano está Jehová a los quebrantados de corazón;
Y salva a los contritos de espíritu.
Muchas son las aflicciones del justo,
Pero de todas ellas le librará Jehová.

Seamos claros: la tarea de liberar a Tamara de su tristeza y negatividad no lleva tu nombre en ella. Orar para que ella experimente la gracia de Dios radical y transformadora *sí* lo lleva.

ABRAZAR LA VIDA

Tamara es una mujer que no tiene gozo. Y debido a que está tan obsesionada con los dolores de su pasado, no participa plenamente en el presente. Podrías pensar de ella como un globo de helio: constantemente tienes que bombearle aire, solamente para descubrir que a la mañana siguiente está completamente desinflada.

El tipo de mujer que constituye la mejor pareja para la vida, afirmó Salomón, es una mujer que afronta la vida con energía en lugar de tristeza y negatividad. Él escribió: "Ciñe de fuerza sus lomos, y esfuerza sus brazos" (Proverbios 31:17). Esta es la mujer que participa en su trabajo y en el mundo con gusto y con fuerza.

En otro lugar en Proverbios, Salomón mantuvo: "El corazón alegre hermosea el rostro; mas por el dolor del corazón el espíritu se abate" (15:13). No es simplemente que Tamara tenga el ceño fruncido. La tristeza de su corazón ha "abatido" su espíritu. Y tristemente, su espíritu, que había de alimentar a un esposo e hijos, no quiere hacer aquello para lo cual fue creado. Si fueras a imaginar un globo Mylar de color rojo brillante como una imagen del corazón de Tamara, su tristeza le habría sacado el aire, dejándolo inerte en el suelo.

La mujer que no es abatida por la tristeza es la que encara su trabajo, y la que encara la vida, vigorosamente.

CON LA CABEZA ALTA CUANDO LOS TIEMPOS ERAN DIFÍCILES

La contraparte de Triste Tamara no es Alegre Ana. No es una mujer locamente feliz con una sonrisa falsa pegada a su boca. La mujer piadosa que Salomón dijo que se "ciñe de fuerza" no es la que nunca tuvo que enfrentarse a un día malo. Más bien es la que afronta lo que llegue, lo bueno y lo malo, con un espíritu que confía en Dios a pesar de sus circunstancias.

Durante el siglo XII a. C., Débora sirvió como jueza de Israel. No la imagines vistiendo una túnica negra y dando golpes con un mazo, sin embargo. Los jueces de antaño eran un poco distintos a lo que imaginaríamos en la actualidad. Ellos zanjaban disputas y resolvían problemas entre personas, y en tiempos de guerra reunían a las tribus para responder a las amenazas.

En lugar de estar sentada en el estrado de un juez mirando por encima de sus lentes de lectura a un agresivo fiscal o un nervioso abogado defensor, Débora realmente se sentaba bajo un árbol en el campo de Efraín para servir a quienes acudían a ella para que juzgara (Jueces 4:4-5). (Así que supongo que esta palmera en particular realmente sirvió de manera muy parecida a como lo hace el estrado de un juez en el presente).

La situación en Efraín en ese momento era precaria. Había saqueos en granjas y aldeas, y se había vuelto incluso inseguro viajar por los caminos. Cuando fueron amenazados por el ejército del rey Jabín, quien dirigía a los cananeos, el pueblo acudió a Débora.

Si Débora hubiera respondido del modo en que podría haberlo hecho Triste Tamara, podría haber dicho: "Los cananeos tienen tecnología militar que es superior a la nuestra". Lo cual era cierto. Ella podría haberse quejado: "Pero ellos tienen un inmenso ejército profesional entrenado". Lo cual era cierto. Podría haber lamentado:

"Pero ellos tienen muchas más armas y carros que nosotros". Lo cual era cierto. Podría haberse quejado: "No hay manera en que podamos ganar. Estamos condenados". Lo cual sin duda parecía ser cierto.

Pero Débora afrontaba la vida y el trabajo con vigor y brazos fuertes. No se quedaba en lo negativo, sino que abrazaba la posibilidad del éxito. Era el tipo de líder carismático, con una fe feroz en la capacidad de conquista de Dios, e inspiró a quienes le rodeaban a afrontar los retos con valentía y finalmente tuvo éxito.

Caballeros, cuando consideren a la mujer con la que se casarán, observen si afronta la vida con la actitud de una Triste Tamara o con la valentía y el entusiasmo de una Dinámica Débora.

UNA ACEPTACIÓN VIGOROSA DE LA VIDA

Kelly es una notable mamá joven que vive al lado de la esquina de mi casa. Aunque no la conozco bien, hemos pasado algún tiempo juntas en situaciones sociales. Yo sé que Kelly batalló con la leucemia cuando era adolescente. Se casó con el novio de su juventud y dio a luz a tres hijas. Cuando la más pequeña tenía dos años, hace aproximadamente tres años, a Kelly le diagnosticaron un tumor en etapa IV en su hígado. Ella ya ha vivido más tiempo que el pronóstico que sus médicos le habían dado hacía tres años, y aunque tuvo que dejar su trabajo como gerente de una boutique local, sigue ocupándose de sus hijas en casa.

Si alguien tiene una causa justa para ser una Triste Tamara, sería Kelly. Pero en las relaciones que he tenido con ella en los últimos meses, y también en los encuentros de nuestras vecinas mutuas que hemos compartido, la resistencia de Kelly ha sido sorprendente. Su actitud general es: *En la vida o la muerte, confío en Dios.* Ella confía en Dios en las cosas grandes, como su tiempo de vida y el futuro de sus hijas y de su esposo, pero Kelly también confía en Dios en las cosas diarias más pequeñas: que alguien la lleve a casa después de la quimioterapia, saber que alguien preparará la cena para su familia, batallar contra las náuseas.

Algunas personas que no conocen la profundidad de la fe de Kelly podrían suponer de modo natural que ella no está en contacto con la terrible realidad de su situación. Créeme, lo está. Pero a pesar de cualquier circunstancia terrenal, Kelly ha decidido fijar sus ojos en Aquel que no falla.

Caballeros, oro para que la mujer con la que están pensando en casarse no tenga que soportar lo que ha soportado y soportará Kelly. Pero lo que pueden hacer en este momento es observar el modo en que una mujer interpreta la historia de su vida. Sin importar cuál sea su pasado, ¿se considera a sí misma una víctima de las circunstancias o una amada hija de Dios, a quien Él sostiene en su cuidado?

UN TRIUNVIRATO DE MUJERES QUE HAN ABRAZADO LA VIDA

La esposa contraria de Triste Tamara no es la que está alegre porque nunca ha tenido que afrontar ningún obstáculo. No, la contraria de Tamara ha soportado las pérdidas de la vida, pero no ha permitido que estas la definan. Conozco a tres mujeres, cuyas historias se sobreponen un poco, que personifican este tipo de espíritu triunfante. Sharon Daugherty, Lynn Braco y Constance McLean se casaron todas ellas con hombres de alto perfil que pastoreaban congregaciones prósperas. Trágicamente, los tres hombres murieron en la mitad de sus ministerios. Cualquiera de sus esposas podría fácilmente haberse alejado para ocuparse de sus heridas en privado. Nadie las habría culpado por eso. Sin embargo, tres de estas mujeres siguieron ministrando en las congregaciones donde sus esposos habían servido, y lideraron esas iglesias para desarrollarlas incluso más plenamente de lo que habían estado antes. Hombres, busquen una mujer que tenga resistencia ante los obstáculos.

¿ALTO, PAUSA O AVANCE?

Podrías tener ganas de enderezar a Tamara, pero si te casas con ella, puedes apostar a que pronto estará tan insatisfecha contigo como lo está con el resto del mundo que le rodea. Permanece alerta a estas reveladoras señales.

BANDERA ROJA 🚩

- Ella siempre se está quejando de algo.
- Piensa que a todos los demás les va mejor que a ella.
- Ve el lado oscuro de la mayoría de situaciones.

BANDERA AMARILLA 🏳️

- Repite historias de lamento de su pasado.
- Su felicidad depende de ti.
- Es una mujer sin gozo.

BANDERA VERDE 🏴

- Ha tratado su pasado de una manera sana.
- Participa plenamente y vigorosamente en el presente.
- Confía en Dios para que sea la Roca firme en su vida.

No tiene temor de la nieve por su familia,
porque toda su familia está vestida de ropas dobles.

—

Proverbios 31:21

13

NAVEGA LEJOS DE NERVIOSA NELLY

Conocí a Nelly cuando nuestros hijos asistían al mismo instituto. Nos sentábamos en las gradas durante los partidos de fútbol bajo nuestros parasoles y charlábamos principalmente de la crianza de los hijos: quién tenía que quedarse despierto hasta media noche para terminar un trabajo de clase, quién le pidió salir a la hija del pastor, quién perdió su camiseta del equipo.

Una tarde de otoño durante la cual claramente *no* necesitábamos los parasoles para protegernos del sol, el cielo oscuro se había puesto particularmente ominoso. Eran los cuartos de final de la liga, y quedaban menos de dos minutos para el final del partido.

"Y ahora, ¿cuál es la regla, Mary?", presionaba Nelly. "Tienen que suspender el partido, ¿verdad?".

"Bueno", imaginé yo, "no creo que lo hagan por estar el cielo oscuro. Y no creo que lo hagan por la lluvia. Pero si el árbitro ve relámpagos, seguramente lo suspenda. Creo que les dará tiempo a terminar".

Pensaba que eso sería de consuelo para mi amiga, que tenía tendencia a preocuparse, pero una mirada al ansioso rostro de Nelly me dijo que no estaba satisfecha en absoluto con todo eso.

"Bueno, si no se despeja, me llevo a Carl a casa", prometió.

Caramba. Sabía cómo reaccionaría mi hijo adolescente ante eso, y tan solo diré que no sería muy bonito.

Busqué en mi neverita una botella de agua y le ofrecí otra a Nelly.

"No, gracias", respondió ella. "Solo bebo agua que esté filtrada tres veces. Pero disfrútala tú".

Bueno, ahora iba a disfrutarla mucho menos que antes de que Nelly la comparase.

Nelly comenzó a buscar en los hondos bolsillos de su bolsa de mano y sacó un botecito de desinfectante de manos.

"Toma". Lo puso en dirección hacia mí. "Necesitas esto".

¿Yo? No estaba comiendo palomitas de mantequilla que te hacen chuparte los dedos. Estaba bebiendo de una botella. Aunque no estaba segura de necesitar limpiarme las manos con gel antes de beber de una botella, educadamente lo acepté.

"Y asegúrate de usarlo para limpiar alrededor de la boquilla", me dijo con seguridad, volviendo a rebuscar en su bolso. "Aquí tienes una toallita. Límpialo bien. Leí que esas cosas están salpicadas de heces de ratas".

En ese momento ella realmente me asustó lo suficiente como para limpiar la boca de la botella. Más que lista para cambiar de tema, le pregunté si su familia tenía planes para las vacaciones de invierno.

"Bueno", comenzó a decir, "estamos planeando ir al Gran Cañón. Como Carl irá a la universidad el año que viene, quizá sea el último viaje que podamos hacer todos como familia. Pero leí que la economía se va a venir abajo por completo en dos años y el país entrará en ruina. ¿Has leído algo de eso?".

"No, nada", le expliqué. Aunque si lo hubiera hecho, creo que me inclinaría aún más por ir al Gran Cañón".

"Así que no creo que sea sabio", continuó Nelly, "hacer algo tan extravagante cuando el futuro es claramente tan precario".

De nuevo, en el caso de un desplome global o nacional sin precedentes, no podía pensar en algo *mejor* que hacer que compartir tiempo juntos como familia.

"¡Oooh!", gritó de repente de forma ahogada al seguir la jugada del partido. "¿Has visto lo que le acaba de ocurrir a mi bebé?".

Había visto que, quedando instantes para terminar el partido, había echado el balón fuera del campo de un cabezazo para que su equipo se posicionara en el campo.

"Sí, eso ha estado muy bien", alabé con entusiasmo.

"No para su *cabeza*, claro", me corrigió ella. "Leí esta mañana que uno de cada seis millones de atletas que golpea con la cabeza el balón morirá de heridas relacionadas con la conmoción cerebral".

Eso de hecho me pareció una estadística consoladora, pero Nelly sin duda alguna estaba angustiada. "Leí que están diseñando un casco ahora…".

Pobre Carl. Eso es lo único que vino a mi mente. *Pobre Carl.* Sería muy difícil que le seleccionaran para jugar al fútbol en la universidad.

El partido estaba empatado, y el juego en el campo era intenso. Quedaban solo segundos. A unos veinte metros de la portería, Carl pasó el balón a un compañero y corrió derecho a una posición de gol. El compañero se la volvió a pasar, y Carl la chutó por la escuadra izquierda de la portería, lejos el alcance del portero. En cuanto el balón tocó la red, sonó el pitido final.

Yo miré a Nelly, y durante un momento ella de hecho parecía agradada y relajada.

La multitud daba saltos enloquecida. Gritando, cada jugador del equipo de Carl acudió a abrazarle y a subirle a hombros mientras le llevaban hasta el banquillo. Los jugadores que no habían estado en el terreno de juego habían levantado un enorme dispensador de agua fría, y cuando Carl volvió a pisar el suelo, lo vertieron sobre su cabeza.

Cuando me volví para mirar a Nelly, parecía horrorizada. Sabía que si hubiera podido llegar hasta Carl a tiempo, hubiera dado un sprint para buscar la manera de evitar la excesiva celebración. Un rostro que esperaba que estuviera agradado estaba decaído y lleno de preocupación.

Durante lo que parecía ser el momento más feliz de la joven vida de Carl, Nelly, que parecía estar en shock, solo dijo una palabra.

"Neumonía".

LLENA DE ANSIEDAD

Si Triste Tamara se mueve por la vida con un filtro negativo, entonces Nerviosa Nelly ve el mundo con un "filtro de ansiedad". Verdaderamente, ella tiene temor a todo. Teme conducir, teme volar, y teme intentar cosas nuevas.

También está obsesionada con la enfermedad. Para Nerviosa Nelly, hay un daño, enfermedad o infección en cada esquina. Se comporta como si la enfermedad fuera algo que esperar y parece totalmente inconsciente a la posibilidad de vivir una vida saludable.

Y al igual que Triste Tamara se distinguiría de alguien que lucha contra la depresión clínica, Nerviosa Nelly no es alguien con un trastorno crónico diagnosticado como obsesivo compulsivo (TOC). Algunas personas sumidas en un patrón de TOC, fijándose en una cosa incesantemente, ya sea repetidamente lavarse las manos o no ser capaz de salir de una habitación sin tocar un artículo específico, verdaderamente sufren en las garras de esta enfermedad. Aunque existía poca ayuda para este tipo de conducta obsesiva hace años, actualmente hay esperanza para estos sufridores.

Pero no estoy hablando de alguien con TOC. Estoy describiendo a una persona atrapada por la ansiedad que no busca ayuda.

Esta mujer prefiere continuar en la comodidad de la ansiedad a la que se ha acostumbrado que dar el valiente salto al cambio.

¿ES ELLA TU MEDIA NARANJA?

Chicos, aunque quizá piensen que el hombre que sentirá atracción por Nerviosa Nelly será tan temeroso como ella, no es necesariamente el caso. Más bien, el tipo de hombres que se sienten atraídos a Nelly es más frecuentemente el de aquellos que asumen riesgos. Si no de forma consciente, algo en él reconoce que Nelly le equilibra. Siente que ella es más estructurada, más estable. Si un hombre es un espíritu libre que apunta a las estrellas, puede que escoja a alguien como Nelly que le mantenga con los pies en la tierra.

Y sin embargo, ese impulso inicial de estabilidad también tiene el riesgo de evolucionar hasta convertirse en eso mismo que pondrá una cuña entre él y Nelly. Lo que parecía equilibrio de repente parece controlador. Lo que parecía estructura de repente se vuelve sofocante. Lo que antes estaba útilmente arraigado ahora parece conmoverse.

Imagínate que estás listo para dar el salto a una nueva aventura empresarial con la que has estado soñando durante años. Has creado un plan de empresa y has desarrollado una estrategia que crees que te llevará al éxito. Pero Nelly se va a oponer. Tiene tal aversión al riesgo financiero que preferiría enterrar sus ahorros en el suelo antes que apoyar el sueño que tienes. Jesús de hecho contó una historia sobre alguien así en Mateo 25:14-30. Revísalo.

Hombres, vivir en temor realmente no es vivir. Es lo contrario a confiar en Dios para una vida que realmente está viva. No es lo que Dios quería para nosotros cuando nos creó.

Aunque reconozco que probablemente tengas ahora mismo otras cosas en mente, te animo, durante unos instantes, a pensar en tus futuros hijos. ¿Quieres que los críe una mamá helicóptero?

SIN TEMOR CUANDO NIEVA

Cuando te imaginas el terreno de la tierra acerca de la cual lees en la Biblia, quizá te imagines sol y arena. (Jesús llevaba sandalias, ¿verdad?). Sin embargo, uno de cada tres años aproximadamente, ¡los que viven en Jerusalén de hecho ven la nieve! Por lo general no hay mucha, pero hace suficiente frío para el pulverulento maná blanco del cielo. Y aproximadamente en uno de cada siete años hay una tormenta de nieve. Así que la antigua mujer del Cercano Oriente necesitaba asegurarse de que su familia tuviera algo más que sandalias para protegerlos.

Salomón anunció de la buena esposa: "No tiene temor de la nieve por su familia, porque toda su familia está vestida de ropas dobles" (Proverbios 31:21). ¿Ropa doble? ¿De verdad? ¿Le compraba a sus niños los abrigos a Lidia, la hábil empresaria que sabía teñir? ¿Es eso importante? Bueno, así como se sabe que los tejidos más claros repelen la luz y el calor, se suponía que el color oscuro absorbía y retenía el calor. Salomón estaba comunicando que esta mujer cuidaba de su familia en circunstancias adversas.

Cuando los textos hebreos se tradujeron al griego, en lo que se conoce como la Septuaginta, la traducción claramente implicaba que su esposo no tenía que estar ansioso por los asuntos domésticos porque sabía que ella lo tenía bajo control. En caso de que no hayas entendido eso, Salomón estaba diciendo: "No te cases con Nerviosa Nelly".

Quiero que observes el contraste entre las dos mujeres. Nelly está ansiosa por todo tipo de peligros que podrían o no podrían ocurrir. Cuando la familia de la buena esposa está de hecho en peligro, su esposo experimenta consuelo porque su esposa, no paralizada por el temor, ha dado los pasos para proteger a su familia de la adversidad.

¡Qué impactante contraste! En mi mente puedo ver a Nelly aterrada al ver las nubes de nieve en el cielo. Puedo oírle verter sus ansiedades sobre los que la rodean. Su homólogo, la buena esposa, sin embargo, no tiene miedo. Ha hecho sus deberes y su familia está protegida. Y cuando vive sin temor, crea un entorno para que su esposo haga lo mismo.

UNA MAMÁ INTRÉPIDA

Quiero que uses tu imaginación para pensar en una mujer que fuera el polo opuesto de la constantemente aterrada Nerviosa Nelly.

- Si Nelly está paralizada por el temor, esta mujer no está atada por él.

- Si Nelly se preocupa por todo, esta mujer afronta incluso circunstancias legítimamente temerosas con valentía.

- Si Nelly está aterrada al anticipar daño o enfermedad para sus hijos en cada esquina, esta mujer permite que sus hijos asuman riesgos con la confianza de que están bajo el cuidado de Dios.

En palabras de Salomón, esta mujer "no tiene temor...porque toda su familia" (Proverbios 31:21). Bastante distinto, ¿no es cierto?

La mujer que acabo de describir se llama Jocabed. Jocabed vivía en Egipto cuando el pueblo hebreo estaba bajo opresión allí. Sin embargo, a pesar de su esclavitud, el pueblo hebreo comenzó a crecer en número. Temeroso, el faraón decretó que todo bebé varón que naciera de los hebreos fuera arrojado al río Nilo. ¿Podría existir algún decreto más cobarde?

No me imagino ser una madre o padre hebreos durante esos terribles días. Debió de haber lloros y lamentos en cada uno de los familiares. Cuando Jocabed supo que estaba embarazada, debió de sentirse destrozada. En una cultura donde se valoraba a los hijos varones, seguro que ella estuvo orando por una hija. Cuando nació su bebé, un varón, le puso por nombre Moisés.

No me imagino lo desesperada que debió de sentirse por la vida de su precioso recién nacido. Si alguien tenía una razón para actuar en base al temor, como Nerviosa Nelly, era Jocabed. Y sin embargo, Jocabed ni permitió que arrojaran a su hijo al río ni quedó paralizada por el temor. Más bien, durante tres meses cuidó de Moisés en secreto. Durante ese tiempo, tramó un plan valiente para el joven hijo al que amaba.

También construyó la cesta más importante que jamás haría. (Muchos afirmarán que fue el recipiente más importante que *nadie* construyó jamás). Entrelazando juncos, Jocabed usó cieno y alquitrán para que el recipiente fuera impermeable. Sin duda lo alimentó primero, después le puso ropa interior limpia y seca, y después Jocabed envolvió cuidadosamente a su hijo, colocándolo después en la cesta y dejándolo navegar por el padre de los ríos africanos, considerado como el más largo del mundo.

Moisés, sin embargo, no viajó los más de seis mil kilómetros. En un giro absurdo, fue descubierto por la hija del faraón que había ordenado su ejecución. Movida por la compasión, sacó a Moisés del Nilo para criarle en la propia casa del abuelo.

Cuando la hija del faraón sacó a Moisés del río, una curiosa niña hebrea se acercó a ella para echar un vistazo al niño. Oculta tras los altos matorrales, su hermana Miriam había avanzado junto a la canasta con el niño para ver su viaje. En un tiempo en el que no había leche en polvo, la única manea de alimentar a los bebés era mediante una madre que lo amamantaba. Miriam se ofreció para encontrar una mujer hebrea que pudiera alimentar a ese niño.

¡Es posible que Moisés no se perdiera ni una sola comida!

¿Reconoces la valiente fortaleza de Jocabed? Aunque debió de haber sentido pánico por su hijo, trazó un plan para su bienestar como si ella "no [tuviera] temor... porque toda su familia".

Caballeros, esta mujer, y no Nerviosa Nelly, es la que deben escoger como compañera de su vida.

CÓMO SE VE VIVIR SIN TEMOR

Cuando mis hijos eran más pequeños, Stephanie y yo hacíamos una "ruta de vuelo" similar entre la casa, la escuela, la iglesia y los deportes. Así que aunque no éramos muy amigas, a menudo charlábamos mientras esperábamos que terminara un entrenamiento o que comenzara el grupo de jóvenes. Y aunque no me considero una Nerviosa Nelly, diría que Stephanie era una de las mujeres y madres menos nerviosa que jamás he conocido. Simplemente estaba muy afirmada.

La primera vez que lo observé fue cuando su hijo se tropezó saliendo de la escuela y llegó a ella con una rodilla ensangrentada. Con preocupación, ella dijo: "¡Vaya! ¿Estás bien, hijo?". Cuando estaba claro que no estaba afectado por el incidente, simplemente le volvió a enviar a la escuela para que se enjuagara y se limpiara la sangre con una toallita de papel, añadiendo calmadamente: "Lo desinfectaremos y le pondremos una gasa cuando lleguemos a casa".

Sabía cómo se habría comportado Nerviosa Nelly ante un caso así. Su ansiedad se hubiera disparado y quizá incluso hubiera llamado a una ambulancia.

Unos años después, cuando los niños estaban en sexto grado, vi algo similar. Una tarde, Stephanie me confió que en un semestre de la escuela, su hijo había pasado ser un estudiante que aprobaba todo con buenas notas a aprobar con notas bajas e incluso suspender algunas materias.

No miento: por un instante me sentí como Nerviosa Nelly cuando oí eso. Pero la serena Stephanie no parecía agitada por el mal desempeño de su hijo. Yo sabía que ella se lo tomaba en serio y que descubriría qué podría estar ocurriendo con su hijo, pero la noticia no la descompuso como lo habría hecho con otros padres. Stephanie era como un barco firme que no puede ser conmovido ni desviado de su rumbo por las tormentas de la vida.

Caballeros, busquen una esposa que esté firmemente anclada.

LA IMPÁVIDA LORI

Una de las mujeres más sólidas que conozco, que está lo más lejos que se puede estar de Nerviosa Nelly, es Lori Bakker, que está casada con Jim Bakker. Desde sus años universitarios, Lori ha tenido graves problemas de salud. Como mujer casada con un doctor, estoy acostumbrada a que la gente cuente sus problemas médicos cuando están con el Dr. Don. Sin embargo, Lori nunca mencionó los suyos. De hecho, Don y yo tuvimos que sonsacarle a Lori que *había* estado sufriendo durante años. Ha sufrido horribles efectos secundarios por tratamientos previos sin quejarse.

Cualquiera que haya visto a Lori sentada junto a Jim en la televisión no tendría ni idea de que estaba sufriendo. De hecho, en vez de preocuparse de sí misma, Lori llevaba a Jim al médico y decía: "Doctor, necesito que le vuelva a hacer un chequeo". Por la gracia de Dios, Don pudo ayudar a Lori, y hoy está curada de lo que le aquejaba. Y continúa siendo un brillante ejemplo del tipo de mujer que no permite que la ansiedad arruine su vida.

¿ALTO, PAUSA O AVANCE?

Como ocurre con todos los tipos que te estoy aconsejando que evites, el nervioso hábito de Nelly, que podría enviarla a tu abrazo durante las películas de miedo, podría ser adorable ahora mismo. Pero procede con precaución.

BANDERA ROJA 🚩

- Ve el desastre en cada esquina.
- Se preocupa por cosas que no puede controlar.
- Reacciona en exceso a situaciones menores.

BANDERA AMARILLA 🏳️

- Le da miedo intentar cosas nuevas.
- Está demasiado ansiosa por las finanzas.
- Su temor interfiere en sus relaciones.

BANDERA VERDE 🏴

- Está firmemente aferrada en su identidad como hija amada de Dios.
- No reacciona en exceso a situaciones sin importancia.
- Toma el riesgo ocasional.

UNAS ÚLTIMAS PALABRAS

Entonces, caballeros, ¿qué piensan? ¿Cómo te sientes? Sospecho que hay algunas posibilidades. Si tu antena crítica ha estado encendida, es posible que ahora estés inspeccionando la conducta de tu novia con un microscopio de la escena de un crimen. O si no tienes novia, es posible que estés un poco más nervioso, preocupado de que pueda haber una Nelly o una Celia en cada esquina. Nada de eso es mi intención. Lo que verdaderamente espero es que, con más herramientas en tu caja de herramientas, simplemente seas capaz de hablar con las mujeres, con los ojos bien abiertos, con la astucia de una serpiente y la mansedumbre de una paloma.

Primero, sé sabio. Te animo a invitar a otros amigos en los que confíes a tener una conversación sobre el tipo de mujer con el que quieres casarte. Mientras sigues meditando en el carácter de la buena esposa, descríbeles a estos consejeros el tipo de mujer con el que te gustaría casarte y cuéntales los tipos que quieres evitar. Después, si tienes el valor, y espero que sí, dales a tus mejores amigos, a tu hermano o hermana, y a tu compañero de piso, permiso para hablar abierta y honestamente acerca de cualquier mujer con la que salgas. Ese permiso requiere vulnerabilidad y confianza por parte de ambos, pero te prometo algo: valdrá la pena. La gente que nos ama puede ser de mucho valor a la hora de darnos visión en nuestros puntos ciegos.

Segundo, sé amable. Aunque estés merodeando en busca de la "mujer perfecta", recuerda que todos tenemos pecados y quebrantos que el Señor está en proceso de redimir. Como tú sabes cuáles son esas áreas en tu propia vida, y lo astutos que pueden ser algunos pecados y heridas, extiende la misma generosidad y compasión a cada mujer que conozcas que esperarías que ella te mostrara a ti.

Te estoy aconsejando que evites a la mujer que haya permitido que el pecado se asiente en su vida de tal forma que *defina* lo que ella es. Si estás buscando a la mujer perfecta, puedes anticipar muchos años de soledad por delante. Pero si estás dispuesto a pedirle a Dios que te dé su visión para la mujer con la que debes casarte, reconocerás a la mujer perfectamente imperfecta que Dios tiene para ti.

Amados hermanos e hijos, sabios y amables, oro para que Dios les guíe a la mujer con la que serán capaces de compartir una vida que glorificará a Dios para siempre.

ACERCA DE LA AUTORA

Mary Colbert es la esposa del Dr. Don Colbert. Una de ocho hijos educada en un hogar militar, tiene una visión única sobre distintos tipos de personalidades que le prepararon bien para el ministerio. Ahora con dos hijos, seis nietos y una nieta, Mary ha pensado mucho sobre los tipos de mujeres con las que quiere que sus hijos se casen y el tipo de esposa que ella quiere que sea su nieta.

Mary estudió en la Universidad Oral Roberts, donde conoció a su esposo hace treinta y cinco años. Se graduó de la Escuela Bíblica Rhema y es ministro ordenada. Fue coautora del best seller del *New York Times Los siete pilares de la salud* con su esposo, y trabaja como presidenta de Divine Health Nutritional Company. Los Colbert viven en Orlando, Florida.